# El mundo secreto de Bush

## ERIC LAURENT

EDICIONES B
GRUPO ZETA

Barcelona • Bogotá • Buenos Aires • Caracas • Madrid • México D.F. • Montevideo • Quito • Santiago de Chile

Título original: Para los capítulos 1, 2 y 3, *La guerre des Bush*
Para el resto del texto, *Le monde secret de Bush*

Traducción: Manuel Serrat Crespo

1.ª edición: febrero 2004

© Plon, 2003
© Ediciones B, S.A., 2004
Bailén, 84 - 08009 Barcelona (España)
*www.edicionesb.com*

Printed in Spain
ISBN: 84-666-1439-7
Depósito legal: B. 51.328-2003

Impreso por DOMINGRAF, S.L.
IMPRESSORS

# El mundo secreto de Bush

ERIC LAURENT

Traducción de Manuel Serrat Crespo

# Prefacio

Este libro es la síntesis de dos obras que he publicado en Francia en 2003, con algunos meses de intervalo. La primera *La Guerre des Bush* se publicó en enero y mi editora española ha decidido conservar los capítulos 1, 2 y 4, que se han situado al principio. Estos capítulos tratan respectivamente de los estrechos vínculos comerciales y económicos tejidos por Prescott Bush, el abuelo del actual presidente, con las empresas nazis antes y durante la Segunda Guerra Mundial, de la extraña proximidad existente desde mediados de los años setenta entre las familias Bush y Bin Laden (un poderoso banquero saudí cercano a los Bin Laden llegó a salvar de la quiebra a George W. Bush en 1987) y de la omnipotente ocultación de la firma de fondos de inversión Carlyle, dirigida por el antiguo director de la CIA, y que contó entre sus principales dirigentes con el antiguo presidente Bush y tuvo entre sus inversores clave a la familia Bin Laden.

La segunda parte de este libro es la traducción íntegra de *Le Monde secret de Bush*, publicado en Francia en mayo de 2003. Describe los secretos de la actual administración estadounidense y particularmente el decisivo apoyo electoral que proporcionó al presidente Bush una extrema derecha fanática y en ocasiones antisemita, que ha tejido una alianza contra natura con los «neoconservadores» próximos al Likud israelí para remodelar la política exterior de Washington después de la tragedia del 11 de septiembre de 2001.

Se trata de una situación completamente inédita en la historia política norteamericana y espero que la decisión de la editora de unir dos obras que se complementan proporcionará a los lectores suficiente información tanto para comprender los equívocos y las zonas de sombra de la «dinastía Bush» como para descifrar mejor una realidad política que es al mismo tiempo desconcertante e inquietante.

ERIC LAURENT
*París, 24 de noviembre de 2003*

# La guerra de los Bush

# 1

Comerciar con regímenes que les son del todo hostiles y contribuir a su fortaleza militar han sido siempre dos características esenciales del mundo de los negocios capitalista, y a veces de sus dirigentes políticos. Así, a comienzos de la década de 1940, la predicción de Lenin parecía cumplida: las sociedades multinacionales habían «heredado la tierra». General Motors y Ford (con 900.000 y 500.000 asalariados, respectivamente) dominaban por aquel entonces el mercado mundial del automóvil y de los vehículos todoterreno. Pocas semanas antes del inicio de la Segunda Guerra Mundial, haciendo alarde de unos principios tan robustos como sus vehículos, Henry Ford declaró: «No nos consideramos una compañía nacional, sólo una organización multinacional.»

Cuando en 1939 estrenó un nuevo juego de Monopoly que a la primera tirada de dados le condujo a la casilla de Polonia, Hitler transformó las cancillerías y los parlamentos en pajareras temerosas. Pero, en el mismo instante, Alfred Sloan, presidente de General Motors, tranquilizaba secamente a algunos accionistas preocupados: «Somos demasiado grandes para que nos molesten esas despreciables disputas internacionales.»

Más aún, la mayor firma mundial desempeñó un papel esencial en la preparación de ese gran rally transeuropeo que había organizado Hitler. En 1929, la sociedad estadounidense se había convertido en propietaria absoluta de Opel. En 1935, a petición del alto estado mayor nazi, los gabinetes de estudio de la firma, instalados en Brandeburgo, se consagraron a la puesta a punto de un nuevo camión pesado que debía ser menos vulnerable a los ataques aéreos enemigos. Desde 1938, el Opel Blitz, producido a un ritmo acelerado, equipó el ejército alemán. El Führer, agradecido, prendió, en 1938, su águila de primera clase en la solapa del director de General Motors. A la par, Ford abría en los alrededores de Berlín una fábrica de montaje. Según los informes de los servicios secretos del ejército estadounidense, los edificios se destinaban a la producción de vehículos para el transporte de tropas de la Wehrmacht.

A comienzos de 1939, siete meses antes de que empezase el conflicto, General Motors reconvirtió las factorías Opel de Rüsselsheim a fin de fabricar en ellas aviones militares. De 1939 a 1945, estas fábricas produjeron y montaron, por sí solas, el 50 % de todos los sistemas de propulsión destinados al Junker 88, que los expertos aeronáuticos consideraron el «mejor bombardero de la Luftwaffe».

Las filiales de General Motors y Ford construyeron un 80 % de los camiones semioruga de tres toneladas llamados «mulas» y el 70 % de todos los camiones pesados, de tonelaje medio, que equiparon a los ejércitos del Reich. Para los servicios secretos ingleses, estos vehículos constituían «la columna vertebral del sistema de transporte del ejército alemán». La entrada en guerra de Estados Unidos no influyó para nada en la estrategia de estas empresas, tan rectilínea como una autopista.

El 25 de noviembre de 1942, el gobierno nazi nombró al profesor Carl Luer administrador del complejo de Rüsselsheim. Pero el tribunal de apelación principal de Darmstadt precisó que «la autoridad del consejo de dirección no se verá afectada por esta decisión administrativa; los métodos y los responsables de la gestión seguirán siendo los mismos». Y, de hecho, Alfred Sloan y sus vicepresidentes James B. Mooney, John T. Smith y Graene K. Howard seguirían sentándose en el consejo de administración de General Motors-Opel durante toda la guerra. Más aún, en flagrante violación de las legislaciones existentes, las informaciones, estudios y materiales circularon sin problema entre el cuartel general de Detroit, las filiales instaladas en los países aliados y las implantadas en los territorios que controlaban las potencias del Eje.

Los registros financieros de Opel-Rüsselsheim revelan que, de 1942 a 1945, la firma elaboró sus estrategias de producción y venta en estrecha coordinación con las fábricas de General Motors diseminadas por todo el mundo; especialmente con General Motors-Japón (Osaka), General Motors-Continental (Amberes), General MotorsChina (Hong Kong y Shanghai), General Motors-Uruguay (Montevideo) y General Motors do Brazil (São Paulo), entre otras.

En 1943, mientras que las fábricas estadounidenses del grupo equipaban a la aviación de Estados Unidos, el grupo alemán elaboró, fabricó y montó los motores del Messerschmitt 262, primer caza de reacción del mundo. La ventaja tecnológica que se confirió así a los nazis fue esencial. Capaz de volar a casi 1.000 km/h, el aparato superaba claramente en rapidez a su adversario estadounidense, el P510 Mustang.

En cuanto finalizaron las hostilidades, Ford y General Motors exigieron de inmediato al gobierno de Estados Unidos reparaciones por los daños sufridos en sus instalaciones de los países del Eje, a causa de los bombardeos aliados. En 1967, por fin, se les hizo justicia: General Motors obtuvo 33 millones de dólares, en forma de exenciones fiscales sobre sus beneficios, por los «daños y destrucciones ocasionados a sus factorías que fabricaban aviones y vehículos motorizados, implantadas en Alemania, Austria, Polonia y China». Por su parte, Ford consiguió algo menos de un millón de dólares por los daños causados a sus cadenas de fabricación de camiones militares instaladas en Colonia.

«La paz mundial por el comercio mundial», declaró en 1933 Thomas Watson, el fundador de IBM, en su elección para la Cámara de Comercio Internacional. Unos años más tarde, Hitler le concedió la orden del mérito. Ambos hombres mantuvieron cálidas relaciones, y los intereses —la implantación de IBM en la Alemania nazi— fueron considerables.

En cuanto se declaró la guerra, Watson transfirió los intereses europeos de IBM a un holding instalado en Ginebra y que iba a dirigir un capitán del ejército suizo, Werner Lier. El responsable de las actividades alemanas de la firma sería el doctor Otto Kriep. La firma IBM constituyó un elemento importante del esfuerzo de guerra nazi. Thomas Watson se mantuvo en una prudente expectativa, y dejó que la situación evolucionara. Sin embargo, a partir de 1942, después del ataque a Pearl Harbor, reorientó por completo las actividades de su grupo en Estados Unidos. Poseedor del 94 % de los intereses de Munitions Manufacturing Corporation, fabricó cañones y piezas para motores de aviación. Este esfuerzo en favor del mundo libre se saldaría con un beneficio de más de 200 millones de dólares. Por esas fechas, el holding suizo seguía recibiendo los beneficios de las operaciones alemanas. Con un notable ingenio, Werner Lier puso en marcha una ruta destinada a facilitar la transferencia y la evasión de una parte de sus beneficios, utilizando la embajada que Estados Unidos mantenía en Vichy ante el mariscal Pétain. A partir de entonces, la cultura IBM, ese reflejo de identificación y solidaridad con la firma, actuó de un modo muy eficaz. Uno de los responsables canadienses del grupo, bombardero en la RAF, soltaría las bombas al azar para evitar que impactasen en la fábrica de IBM en Sindelfinger, que era el objetivo de la misión. Al frente de la delegación francesa de la empresa, situada cerca de París, en Corbeil-Essonnes, estaría el capitán de las SS nazi Westerholt. Veinte años después del final de la guerra, uno de los veteranos del comité ejecutivo de la firma podía subrayar con satisfacción «el gran número de hombres fieles a IBM entre los antiguos responsables alemanes, y su constante deseo de proteger una valiosa parte de nuestro patrimonio».

Thomas Watson terminó su vida como «patriarca» del mundo de los negocios y convirtiéndose en íntimo del presidente Eisenhower. Al igual que Prescott Bush, que fue un honorable senador republicano por Connecticut de 1952 a 1962. El abuelo del actual presidente, antes de convertirse en compañero de golf de Eisenhower, había hecho una fructífera carrera de banquero en Wall Street. También para él, cierto número de inversiones y adquisiciones en una Alemania que se había vuelto nazi resultaron ampliamente beneficiosas. Según la fórmula de un observador, «por aquel entonces existían dos razas de financieros y especuladores. Los que, como Joe Kennedy, demostraban simpatías por los nazis pero no negociaban con la Alemania nazi, y los demás, que no sentían un afecto especial por Hitler pero aprovechaban las oportunidades».

A todas luces, Prescott Bush estaba en la segunda categoría, una zona gris en la que lo que impulsa los actos es un sólido apoliticismo, una carencia de convicciones profundas y cierta amoralidad característica del mundo de los negocios.

El hombre no tenía realmente el perfil de un *self-made man*. Su padre, Samuel Bush, poseía acererías y fabricaba, sobre todo, vías de ferrocarril. Era también director del Federal Reserve Bank de Cleveland y consejero del presidente de la época de Herbert Hoover. Prescott había cursado sus estudios en la universidad de Yale, donde entabló amistad con Roland Harriman, uno de los hijos del multimillonario que poseía, entre otros negocios, una de las más importantes compañías de ferrocarril de Estados Unidos. El joven Bush, deportista consumado y hombre enérgico, supo aprovechar las dos oportunidades que habrían de cambiar el curso de su vida.

En 1921 se casó con Dorothy Walker, hija de un poderoso financiero de Wall Street, y cinco años más tarde se unía, en calidad de vicepresidente, al banco comercial que su suegro acababa de crear en asociación con los Harriman, sus amigos de universidad: W. A. Harriman & Co. La entidad se fusionó en 1931 con la sociedad financiera angloamericana Brown Brothers para convertirse en el banco comercial más importante de Estados Unidos, y el más influyente políticamente.

Prescott Bush y sus socios habían puesto una pica en Alemania ya en la década de 1920, al comprar la compañía de navegación Hambourg-Amerika Line, que cubría la práctica totalidad del tráfico marítimo alemán hacia Estados Unidos. Se trataba de una primera etapa. El banco instaló su sucursal europea en Berlín y estableció numerosos acuerdos, en especial con alguno de los industriales más poderosos del país. En primera fila de todos ellos, Fritz Thyssen, propietario del grupo siderúrgico que llevaba su nombre. Thyssen publicaría unos años más tarde un libro de título elocuente que llamó la atención: *Yo financié la ascensión de Hitler*. Verdadera profesión de fe del nacionalsocialismo, la obra confirmaba también lo que era ya notorio: Thyssen había ayudado al movimiento nazi desde octubre de 1923, y se lo calificaba de «banquero privado de Hitler».

Harriman & Co. y Thyssen, por medio de un banco que les pertenecía en los Países Bajos, el Bank Voor Handel en Scheepvaart (BHS), decidieron la creación de una empresa común, la Union Banking Corporation. Según los investigadores que se interesaron por el asunto, el banco permitiría favorecer inversiones cruzadas, con Estados Unidos y el grupo Thyssen, así como con otras firmas alemanas.

El 20 de octubre de 1942, poco después de que Estados Unidos entrara en guerra, la Union Banking Corporation fue objeto de un embargo por parte del gobierno federal por «comerciar con el enemigo». Prescott Bush era el director de la entidad, y sus principales socios y accionistas, además de Roland Harriman, eran tres dirigentes nazis, dos de los cuales trabajaban para Thyssen. Ocho días más tarde, la administración Roosevelt aplicó las mismas sanciones contra la Holland-American Trading Corporation y la Seamless Steel Equipment Corporation, ambas dirigidas también por Bush y Harriman, y a las que se acusó de cooperar con el Tercer Reich. Un mes más tarde, el 8 de noviembre de 1942, se aplicó idéntico procedimiento a la Silesian-American Corporation, un holding que poseía importantes minas de carbón y cinc en Polonia y Alemania, que en buena medida se explotaban con los prisioneros de los campos de concentración, «cuya utilización —según un informe— proporcionó sin ninguna duda al gobierno alemán una considerable ayuda en su esfuerzo bélico».

Prescott Bush pertenecía al consejo de dirección de esta empresa que había sido objeto de complejos montajes jurídicos que dejaban en la sombra a su socio alemán. Éste era el industrial Friedrich Flick, proveedor de fondos, también él, del partido nazi y, más tarde, del cuerpo de las SS, a través del «círculo de amigos de Himmler» del que era miembro.

La operación se había efectuado en dos tiempos: en 1931, Harriman Fifteen Corporation, de la que Prescott Bush era uno de los directores, había adquirido una parte importante de Silesian Holding Corporation que luego se había transformado en Consolidated Silesian Steel Corporation. Un grupo del que los estadounidenses poseían una tercera parte, siendo las dos restantes propiedad de Friedrich Flick. Terminada la guerra, el tribunal de Nuremberg juzgó a Flick y lo condenó a siete años de prisión. Sólo cumplió tres y medio, y murió como había vivido, millonario y respetado, a mediados de la década de 1970, en una Alemania que sufría amnesia desde hacía mucho tiempo. Harriman Brown Brothers también tenía como interlocutor en la Alemania nazi al banquero Kurt von Schroeder, del Stein Bank, que fue general de las SS y, también, uno de los financieros de Himmler.

A los hombres de negocios les gusta actuar, pero no recordar. Prescott Bush, amasada su fortuna, vuelta ya la equívoca página de la Segunda Guerra Mundial, se presentó para el Senado. Derrotado en 1950, fue elegido dos años más tarde. Su hijo, George Herbert Walker Bush, el futuro presidente, nacido en 1924, sirvió en la aviación y en 1944 su aparato fue derribado sobre el Pacífico.

Entre partido y partido de golf con el presidente Eisenhower, Prescott Bush cincelaba cierto número de sentencias que se transmitieron, en el seno de su familia, de generación en generación, como otras tantas reglas de vida y de buena conducta. En el fondo, el equivalente al «serás un hombre, hijo mío» de Kipling, si bien algo más prosaico y con mucho menos talento. George W. Bush reveló una de ellas, poco después de su elección: «Mi abuelo nos dijo siempre, a todos, a mi padre, a mi hermano: antes de meteros en política, comenzad por tener éxito en los negocios. Vuestros futuros electores estarán convencidos entonces de que sois competentes y desinteresados, y que os consagraréis al bien general.» Una frase doblemente sabrosa, sobre todo si se recuerda en qué términos Prescott Bush había manifestado en el pasado su sentido del interés general, y que el principal motivo de gloria de su nieto, antes de convertirse en presidente, había sido, según la fórmula de un observador, «perder tantos millones en la industria petrolera como había ganado su padre».

# 2

«La política —consideraba Carl Schmidt, un politólogo alemán de dudoso pasado pero en ocasiones lúcido— es ante todo la designación de un enemigo.» Después de la Segunda Guerra Mundial, Estados Unidos había reconocido de inmediato en la Unión Soviética al adversario perfecto, inevitable, la amenaza total. Un dogma, un credo que había hecho compartir a sus aliados y que se había convertido en el eje central de su política exterior. Sin embargo, desde comienzos de la década de 1970, la verdad, oculta con sumo cuidado, se apartaba cada vez más de los discursos oficiales.

La URSS, «el imperio del mal», como iba a llamarla Ronald Reagan, exigía, para ser combatida, trabada y debilitada, considerables medios económicos y militares. El Pentágono, «Pentagone Inc.», como lo apodaban los observadores, era también una gigantesca empresa con un presupuesto equivalente al de Francia y que empleaba a cinco millones de asalariados, entre ellos a dos millones de militares en activo. En más de veinte de sus estados y en veintitrés países, Estados Unidos mantenía una presencia militar constante. Cuatro millones de personas trabajaban en el conjunto de la industria de defensa, que además permitía vivir por medio de la subcontratación a diez mil pequeñas empresas y a otros varios millones de asalariados. Más de diez mil oficiales de alto rango, antiguos dirigentes del Pentágono, colaboraban directamente en una industria que ofrecía la paradójica característica de ser totalmente privada y vivir, sólo, gracias a la financiación del gobierno. La posición deficitaria de firmas como Lockheed o Generals Dynamics no era el reflejo de un mal funcionamiento y de las escasas ventas, sino sólo una táctica financiera para obtener mayores subvenciones de los medios oficiales. El Pentágono trataba con todos los gigantes de la industria y de la aeronáutica, para quienes era un seductor cliente dispuesto a pagar sin rechistar material y equipamientos, a un coste a menudo exorbitante.

Sin embargo, esos centenares de miles de millones de dólares gastados, malgastados a veces, para asegurar la defensa del mundo libre no eran capaces de enmascarar un hecho inquietante: si en 1969 el hombre había puesto el pie en la Luna, en 1976 iba de cabeza. En efecto, el 25 de febrero de este mismo año, el Departamento de Estado (su Ministerio de Asuntos Exteriores) tuvo que reconocer, turbado, que Estados Unidos fabricaba desde 1972 en la Unión Soviética los cojinetes de bolas indispensables para poner a punto el sistema de orientación que equipa a los misiles balísticos MIRV, de cabeza múltiple. La decisión de romper con la política de embargo se apoyaba sólo en consideraciones comerciales. Según el Pentágono, varias compañías italianas y suizas, contratantes de la OTAN, fabricaban piezas semejantes y aprovisionaban, desde hacía varios años, a los soviéticos.

Era sólo un ejemplo, de los más sorprendentes, de las numerosas derivaciones que se desprendían de la política de distensión, política pero, sobre todo, económica y comercial, con respecto a la URSS y al bloque del Este, que había iniciado a comienzos de la década de 1970 Richard Nixon. Las mayores empresas y los bancos capitalistas habían aprovechado esta brecha para implantarse en ese vasto conjunto geográfico donde, de Berlín-Este a Vladivostok, atrapados entre dos gulags, cohabitaban cuatrocientos millones de individuos. Los dirigentes de estas multinacionales y estos bancos comerciales descubrían que los países de la Europa del Este, y la Unión Soviética, poseían recursos a los que ellos atribuían un gran valor: grandes cantidades de mano de obra cualificada, muy disciplinada y muy barata. El espectáculo de su propia indignidad, a buen seguro, no se les ocurrió nunca; sin embargo, sostenían y reforzaban un régimen totalitario, como treinta años antes sus predecesores lo habían hecho con la Alemania nazi.

### «LA CIA, UN ELEFANTE LOCO Y FURIOSO»

El de 1976 es un año clave, inicio de capítulo en nuestra cronología: Richard Nixon ha dejado el poder y entra en escena George Bush, mientras comienza ya a perfilarse la silueta de su hijo.

En 1976, George Bush asumirá la dirección de la CIA. Hasta entonces no había sido sino un «segundón», no sólo en la vida política estadounidense sino incluso en el seno del partido republicano al que pertenece. Es un hombre escrupuloso, trabajador, cuya tranquilidad y sangre fría, que son absolutas, sirven para enmascarar una emotividad que él juzga excesiva. No se considera un político que busca la cima, sino un estadista cuyo aprendizaje debe respetar los ritos de la política. Una iniciación laboriosa. Por dos veces, en 1964 y en 1970, se presentó a las elecciones al Senado. Sin éxito. Por dos veces también, en 1968 y 1972, aspiró a la vicepresidencia. Igualmente en vano. En 1972, Nixon prefirió a Gerald Ford, sobre quien gravita el juicio más cruel que se haya emitido jamás, en Estados Unidos, sobre un político. Su autor, el antiguo presidente Lyndon B. Johnson: «Gerald Ford es demasiado estúpido para poder andar y mascar un chicle al mismo tiempo.»

Estúpido pero presidente, Ford hace que rechinen los dientes de Bush, quien sólo tuvo derecho a algunos cargos de consolación: embajador ante la ONU, luego jefe de la misión diplomática estadounidense en China, puesto que ocupó en 1975, cuando en Washington todo se degradaba y se olía el desastre.

El caso Watergate, en efecto, incitó a parte de la prensa de Estados Unidos a llevar más lejos sus investigaciones sobre los manejos de los servicios secretos. El 22 de diciembre de 1974, el *New York Times* tituló en primera página, con la firma de Seymour Hersh: «Gigantescas operaciones de la CIA en Estados Unidos, dirigidas contra los oponentes a la guerra y distintos disidentes durante la presidencia de Richard Nixon.»

Los medios de comunicación se encarnizaron, así, con la CIA, con un frenesí sin igual, relevados por algunos políticos y ciudadanos ordinarios que exigían que se pusiera fin a las odiosas prácticas de este organismo que algunos comparaban con «un elefante furioso que ha escapado del control de sus guardianes».

El 4 de enero de 1975, por las presiones de la opinión pública, Gerald Ford anunció la creación de una comisión de investigación presidencial, que se encargaría de examinar los casos de espionaje ilegal que la CIA había llevado a cabo en el interior del país. Presidió esta comisión el vicepresidente Nelson Rockefeller. El dirigente de la agencia de información, William Colby, un veterano de los servicios secretos que se sabía condenado por el poder político, explicó con falsa ingenuidad: «Inmediatamente después de mi primera declaración ante su comisión, el vicepresidente, Nelson Rockefeller, me llevó a su despacho y me dijo en su tono más encantador: "Bill, ¿realmente tiene usted que decirnos tantas cosas?"»

En efecto, nadie en el seno del ejecutivo deseaba que las revelaciones fuesen demasiado lejos, y sin embargo, los diques se desmoronaban uno tras otro, y amenazaban a la más secreta y, según se consideraba, la más eficaz de las agencias de información: la NSA (Agencia de Seguridad Nacional). Ese monstruo tecnológico disponía, por aquel entonces, de un presupuesto anual de más de 10.000 millones de dólares y, gracias a sus centros de escucha, sus satélites espías y sus ordenadores capaces de romper códigos considerados inviolables, podía escuchar al mundo entero. La película *Enemigo público* reveló sus manejos, pero más de veinticinco años antes encarnaba ya a un nuevo Gran Hermano. Durante el año 1974, había interceptado 23.472.780 comunicaciones individuales, y algunos edificios de su cuartel general, en Fort Meade, Virginia, albergaban máquinas capaces de destruir los documentos «no esenciales» a un ritmo de 20 toneladas por día. Pero lo más embarazoso se debía al hecho de que no existiera ni ley ni comisión del Congreso que pretendiera controlar sus actuaciones. De hecho, ni siquiera existía ley alguna que oficializara su creación. La agencia había nacido en 1952, por una decisión secreta de la presidencia de Truman, la directriz número 6 del Consejo de Seguridad Nacional cuyo texto, veintitrés años más tarde, seguía clasificado como *top secret*. Cuando, en 1975, la comisión de la Cámara de Representantes para los problemas de espionaje, que presidía Otis Pike, intentó conocer la famosa directriz referente a la creación de la NSA, la Casa Blanca se negó en redondo.

«¡Pero bueno, es increíble! —estalló Pike—. Nos piden que votemos presupuestos cada vez más cuantiosos para un organismo que emplea a cada vez más gente, y ni siquiera podemos obtener una copia del trozo de papel que demuestra que se ha autorizado a esta agencia.»

Más grave aún fue la declaración que hizo, ante esa misma comisión, el 7 de agosto de 1975, el director de la CIA, William Colby. Cuando lo interrogaron, éste habló del papel de la NSA en la «interceptación de comunicaciones destinadas a Estados Unidos o al extranjero».

—¿Podían estas actuaciones llegar a colocar bajo vigilancia a cierto número de ciudadanos estadounidenses? —le preguntó Lee Aspin, un miembro del Congreso.

—En algunas ocasiones —respondió Colby— sin duda es difícil disociar ese aspecto del tráfico grabado; es incluso técnicamente imposible.

RUMSFELD Y CHENEY APARTAN A BUSH

Esta intervención de Colby colocó en la picota a la Casa Blanca. Dos miembros del equipo de Gerald Ford le incitaban a la intransigencia y a una maniobra de distracción: nombrar enseguida un nuevo director de la CIA, desviando así la atención de la NSA.

El primero ocupaba el cargo de vicesecretario de la Casa Blanca. Tenía treinta y cuatro años de edad, su rostro era severo, llevaba unas delgadas gafas, sus cabellos eran rubios y finos, y se llamaba Dick Cheney. El segundo, con casi diez años más, era su superior inmediato como secretario general de la Presidencia, y algunos meses más tarde iba a ver cómo le atribuían la cartera de secretario de Defensa. Se trataba de Donald Rumsfeld, calificado en aquella época por Henry Kissinger de «permanente vayamos a la guerra».

Se habían entrevistado largo tiempo para establecer la lista de los candidatos potenciales... y aceptables. El nombre de George Bush no figuraba en ella. En un memorándum que entregó a Ford, Rumsfeld consideraba que Bush estaba «familiarizado con los métodos de la comunidad de la información y sus misiones»; pero lo recomendaba para el puesto de secretario de Comercio.

Esa relativa desautorización se debía, ante todo, a una diferencia de temperamento. Rumsfeld y Cheney ya eran halcones que temían que la crisis política en curso desestabilizara al ejecutivo estadounidense y debilitara de manera duradera el papel de Estados Unidos en la escena internacional. A su modo de ver, Bush, con sus mesuradas opiniones, cuando las expresaba, era un «peso pluma», un patricio de la Costa Este, enriquecido por el petróleo pero extraviado en política. Se equivocaban de lleno al respecto y no iban a tardar en descubrirlo. Bush, que más tarde sería para ellos un verdadero «padrino», al reactivar su carrera y conseguirles cargos en extremo lucrativos cuando abandonaron los pasillos del poder, consiguió el puesto de director de la CIA. Puso en marcha todos sus contactos, a sus aliados en el mundo de los negocios y de las finanzas, buena parte de los cuales eran importantes contribuyentes a la financiación del partido republicano.

A finales del año 1975, durante un episodio llamado «la masacre de Halloween», Gerald Ford convocó al director de la CIA, William Colby. Éste fue cesado de inmediato, así como el secretario de Defensa, James Schlesinger, a quien sustituyó Rumsfeld, mientras que Cheney le sucedía como secretario general de la Casa Blanca. Aludiendo a este acontecimiento, el líder de la mayoría demócrata de la Cámara de Representantes, Tip O'Neill, personaje legendario en el Congreso, con su melena blanca y su verbo a menudo impertinente, declaró: «El presidente ha hecho bajar de las ramas a los monos, pero no ha talado los árboles grandes.»

George Bush, nombrado de inmediato, tomó posesión del cargo en enero de 1976, con mayores poderes que sus predecesores, gracias a una medida presidencial dictada por Gerald Ford, la «Executive Order 11905». Según el *New York Times*, «Ford había puesto en manos del actual director de la CIA más poder del que nunca habían tenido sus predecesores desde la creación de la agencia».

Hombre reservado, Bush comprendió de inmediato que la CIA necesitaba de manera imperiosa volver al anonimato para recuperar una eficacia real. Probablemente es el principal resultado que puede atribuírsele. En menos de un año, la agencia desapareció por completo de la portada de los periódicos, pero para sus más próximos colaboradores, durante aquellos once meses, Bush continuó siendo un enigma, nunca se confiaba con nadie y eludía incluso los hechos más anodinos referentes a su pasado. Uno de estos colaboradores confesaría: «Era de una cortesía que se parecía a un puente levadizo que uno levanta para atrincherarse tras las murallas de una fortaleza.»

## LA MÁS PASMOSA «EMPRESA CRIMINAL»

Hubo una iniciativa de George Bush que pasó desapercibida, pero, con la perspectiva que da el tiempo, hoy parece un hilo de Ariadna que permite remontarse hasta los más inconfesables secretos.

Durante muchos años, la CIA había poseído varias flotas de aviones; la más conocida de ellas era Air America, que se utilizó durante toda la guerra de Vietnam.

En 1976, Bush vendió varios aparatos a un hombre de negocios de Houston, Jim Bath. Todas las informaciones, incluido el testimonio de Bath, coinciden en afirmar que el propio Bush lo reclutó para trabajar en el seno de la CIA. Esta confesión la reveló su antiguo asociado, Charles W. White, que afirma por otra parte que, en 1982, Bath y él estaban en el Ramada Club de Houston precisamente cuando allí se alojaba el vicepresidente Bush. Según White, Bush se había acercado a Bath y le había saludado con un «Hello Jim».

El hombre, que por aquel entonces tenía cuarenta años, era también un amigo de George W. Bush al que había conocido mientras este último realizaba su servicio militar en la aviación de la guardia nacional de Tejas, para librarse de Vietnam... George W. Bush entretenía allí su aburrimiento, «a menudo en el bar —recuerda uno de sus colegas—, vestido con una cazadora de aviador y discutiendo con las camareras».

Skyways Aircraft Leasing, la compañía de chárter domiciliada en las islas Caimán y administrada por Bath, quien compró los aviones de la CIA, estaba bajo el control de intereses saudíes. El principal accionista era Jhalid bin Mahfuz, director ejecutivo y antiguo propietario del National Commercial Bank, la entidad bancaria más importante de Arabia Saudí. Bin Mahfuz estaba estrechamente vinculado a la familia real. Había tomado también el control de uno de los bancos más importantes de Houston, asociado con otro financiero saudí, Gaiz Faraón, hijo de un médico del fallecido rey Faisal. Diez años más tarde, Jhalid bin Mahfuz adquiriría una participación significativa en lo que hoy queda de la más pasmosa «empresa criminal» del siglo XX, según palabras del fiscal estadounidense Robert Morgenthau: el BCCI (Banco de Crédito y de Comercio Internacional). Su fundador, el paquistaní Aga Hassán Abedi, insistió en la «misión moral» de su banco, concebido como la primera entidad financiera de envergadura creada en un país en vías de desarrollo para favorecer el crecimiento de los países del Sur.

Operaba en 73 países, controlaba 30.000 millones de dólares de depósitos, y se dedicaba a mover el dinero de la droga y del terrorismo, violar leyes, apoyar a los peores dictadores, facilitar las operaciones clandestinas de la CIA y, al parecer, también las de Ossama bin Laden. El panameño Manuel Noriega había depositado allí buena parte de su fortuna, al igual que Saddam Hussein, los jefes del cártel del Medellín, el terrorista palestino Abú Nidal, el rey del opio Jun Sa —el mayor traficante de heroína del Triángulo de Oro—, los servicios secretos saudíes... Colaboradores muy íntimos de Bush, como veremos, mantenían vínculos con este banco. En 1988, Bin Mahfuz compró el 20 % del BCCI por casi 1.000 millones de dólares, pero poco después la entidad declaró 10.000 mil millones de pérdidas, lo que precipitó la caída del financiero saudí.

Hoy, enfermo, Jhalid bin Mahfuz vive, bajo arresto domiciliario, en Arabia Saudí. El gobierno saudí compró su participación en el National Commercial Bank. Una información que apareció publicada en el diario *USA Today* el 29 de octubre de 1999 y emitió ABC News, que se obtuvo a partir de fuentes procedentes de los servicios de información estadounidenses, revelaba que varios millonarios saudíes habían utilizado el banco que presidía Jhalid bin Mahfuz en numerosas ocasiones para transferir decenas de millones de dólares a cuentas vinculadas con Ossama bin Laden y la red al-Qaeda. En concreto, cinco hombres de negocios del reino habían transferido tres millones de dólares al Capitol Trust Bank de Nueva York, desde donde el dinero se había derivado hacia dos organizaciones islámicas caritativas, Islamic Relief y Bless Relief, que operaban como tapaderas de Ossama bin Laden. Todo ello un año después de los atentados contra las embajadas americanas de Estados Unidos en Kenia y en Tanzania.

SALEM BIN LADEN EN TEJAS

La realidad posterior no podía imaginarse en 1976, que era todavía el año de la inocencia. Sin embargo, el cuadro que tras ese periodo se esboza, pincelada a pincelada, revela extraños detalles. Sólo unos meses después de la compra de los aviones de la CIA, Jim Bath se convirtió en el agente en Estados Unidos de uno de los amigos íntimos de Jhalid bin Mahfuz. Su nombre: Salem bin Laden. Este hermanastro de Ossama gestionaba la inmensa fortuna familiar de sus 53 hermanos y hermanas, así como el poderoso grupo de construcción implantado en todo Oriente Próximo. El grupo Bin Laden, valorado en 5.000 millones de dólares, estaba tan estrechamente vinculado a la familia real saudí que se había asociado, incluso, a transacciones referentes a la compra de armamento en Estados Unidos. Eso ocurriría en concreto en 1986, cuando este último país vendió un sistema de defensa aéreo cuyo mantenimiento asumiría una sociedad saudí, al-Salem, cuyos propietarios eran miembros de la familia real y los Bin Laden. Boeing, ITT, Westinghouse, que eran los vendedores, participarían incluso con 4,5 millones de dólares en la creación de al-Salem en una operación apenas maquillada. Y un detalle importante: los Bin Mahfuz y los Bin Laden procedían de la misma región de Yemen, Hadramaut.

Salem bin Laden encargó a Bath que seleccionase y facilitase eventuales inversiones en suelo estadounidense. Una de las primeras operaciones había de referirse a la compra del aeropuerto Houston Gulf, que Salem quería convertir en uno de los principales aeropuertos de Estados Unidos. Cuesta imaginar que un importante aeropuerto de Tejas, feudo de los Bush, fuera propiedad de la familia del futuro jefe terrorista.


A comienzos del año 1977, George Bush abandonó la CIA. La victoria de Jimmy Carter, en las elecciones presidenciales de noviembre de 1976, no le dejaba otra opción.

Durante su campaña, el candidato demócrata había dirigido varias veces durísimos ataques contra los servicios de información, y también contra el propio Bush. «Carter —recuerda uno de sus colaboradores— tenía ante todo una posición moral. Pues bien, para él, el mundo del espionaje estaba completamente corrupto, carecía de principios. Creía ingenuamente que era posible boxear contra un adversario respetando con rigor las reglas del marqués de Queensberry. Por lo que a George Bush se refiere, encarnaba para él toda la arrogancia de la clase dirigente de la Costa Este. Lo detestaba de verdad.»

Y, de hecho, el primer encuentro entre ambos hombres fue catastrófico. Bush fue a Plains, Georgia, el feudo del nuevo presidente, cultivador de cacahuetes. Procedió a una detallada exposición, hablando ampliamente de los principales expedientes que se referían a la seguridad nacional. Carter parecía del todo indiferente a sus palabras. Bush comenzó entonces a defender su propia causa: en 1960 y 1968, recordó, los directores de la CIA habían permanecido en sus cargos durante las fases de transición presidencial, es decir, entre noviembre, mes de la elección, y enero, fecha efectiva de la toma de posesión del nuevo presidente, y tal vez más allá incluso. Carter respondió con sequedad que esta solución no le interesaba. «Eso implica mi dimisión», respondió Bush con voz alterada. «Es lo que deseo, en efecto», repuso Carter. Según un testigo presente, la entrevista fue un desastre.

Bush había perdido su cargo; sin embargo, su porvenir no parecía tan negro. Se había convertido, a comienzos del año 1977, en presidente del comité ejecutivo del First National Bank de Houston. Sus numerosos viajes a Europa y al golfo Pérsico le permitieron establecer o reforzar valiosos vínculos con dirigentes políticos e importantes responsables del mundo de los negocios. «Me hacía pensar —declaró uno de sus allegados— en Richard Nixon durante su travesía por el desierto. Abogado de nuevo, había surcado el mundo entero, perfilando su personaje, multiplicando los contactos, preparando su regreso.»

En la maraña de los circuitos del poder, ¿qué hombre de negocios no se interesaría por los beneficios que podría obtener de una estrecha colaboración con un futuro candidato a la vicepresidencia o, incluso, a la presidencia? Porque el horizonte político se despeja de pronto ante Bush. El triunfo de Carter había sumido al partido republicano en una crisis profunda, y ahora el heredero de la Costa Este, convertido en petrolero en Tejas, parecía un firme candidato para el futuro equipo presidencial durante las elecciones de 1980. Sin embargo, el primero que aspiraría a los sufragios del electorado sería su hijo mayor, George W. En 1978, decidió presentarse para el Congreso. Transgredió el sacrosanto principio familiar según el cual sólo se entraba en política tras haberse forjado una sólida reputación en los negocios.

«LE FALTABA AUDACIA»

En realidad, George W. Bush no ha tenido ni tendrá nunca sentido alguno de los negocios. «Le faltaba audacia», según uno de los que trabajó con él en el sector del petróleo. Pero, en cambio, nunca habría de faltarle el apoyo económico de su familia y de amigos ricos y poderosos. Un círculo benevolente que no ha dejado de ampliarse y de velar para que sus sucesivos y costosos fracasos se hayan transformado siempre para él en operaciones rentables.

Jim Bath, el hombre de negocios de los Bin Laden y el socio de Bin Mahfuz, le prestó apoyo financiero durante la campaña de 1978. La derrota le dolió, pero George Bush renació de inmediato creando su propia sociedad petrolera, Arbusto Energy, a comienzos del año 1979. George W. actuaba igual que su padre. Pero sus resultados eran opuestos. Su progenitor había tenido una valerosa trayectoria en la aviación durante la guerra. Su hijo elegiría también la aviación, pero entretendría su aburrimiento en la guardia nacional de Tejas; el padre hizo fortuna en el petróleo con su compañía Zapata, la última letra del alfabeto; la sociedad de su hijo, Arbusto, la primera letra del alfabeto, se salvaría por los pelos de la quiebra gracias a parientes y amigos fieles.

En Arbusto invirtieron, por un total de tres millones de dólares, la abuela de George W.; el presidente de una cadena de *drugstores*, personalidad clave del partido republicano en Nueva York; y William Draper III, un financiero amigo de la familia, a quien más tarde se pondría a la cabeza del Export/Import Bank, organismo clave para garantizar las exportaciones estadounidenses en el extranjero. Y el último miembro de esta camarilla: Jim Bath, que poseía un 5 % del capital. Durante mucho tiempo gravitaría la sospecha y, a pesar de los vehementes desmentidos de la Casa Blanca tras los acontecimientos del 11 de Septiembre, la duda hoy sigue existiendo: ¿No era Bath un hombre de paja y el dinero invertido no pertenecía, en realidad, a Salem bin Laden?

En cualquier caso, la inversión resultó financieramente desastrosa pero políticamente fructífera. Arbusto hallaría muy poco petróleo y nunca obtendría beneficio alguno, pero entretanto, George Bush se iba a convertir en el vicepresidente de Ronald Reagan. En 1982, George W. modificó el nombre de su compañía y la rebautizó como Bush Exploration Oil Co. Pero nada cambió: los buenos resultados seguían sin llegar, aunque los inversores, en cambio, continuaban mostrándose muy complacientes. Uno de ellos, Philip Uzielli, adquirió el 10 % de las acciones de la compañía por un millón de dólares, mientras que, según generosas estimaciones, el conjunto de la sociedad no valía más de 380.000 dólares. Uzielli se había relacionado con Bush padre, cuando estaba al frente de la CIA, y había hecho fortuna en Panamá. Estaba vinculado también al abogado tejano James Baker, que en 1988 iba a convertirse en el secretario de Estado de Bush y que por aquel entonces ostentaba el cargo de secretario general de la Casa Blanca.

El millón de dólares de Uzielli no conseguiría restablecer la inestable salud de la firma. Y, sin embargo, en 1984, cuando Bush Exploration Oil se hallaba al borde de la suspensión de pagos, un destino decididamente bondadoso le echó de nuevo una mano a George W. Su empresa se fusionó con Spectrum 7, una pequeña sociedad petrolera que poseían dos inversores de Ohio. Los dos hombres parecían confiar a ciegas en su nuevo socio, cuya trayectoria pasada, sin embargo, no había sido alentadora ni tranquilizadora; así, le nombraron presidente del consejo de administración y presidente-director general de la nueva empresa combinada, al tiempo que le cedían el 13,6 % del conjunto de las acciones.

«Para comprender los problemas —opinaba John Le Carré—, seguid el dinero.» El caso de George W. Bush es una atractiva ilustración de ello. Todos los que le financiaron apostaban, en realidad, por su padre. Así sucedió con William De Witt y Mercer Reynolds, los dos propietarios de Spectrum 7. Partidarios del vicepresidente, apostaron por su elección para la presidencia en 1988. Una apuesta que estaba lejos de ser azarosa. Pero, a la espera de ese radiante porvenir y de los decisivos apoyos que de ella se desprendiesen, debían afrontar la desastrosa gestión del hijo. Spectrum 7 acumuló pérdidas catastróficas. Sólo durante el primer semestre de 1986, se cifraron en más de 400.000 dólares, y todos los socios de George W. temían entonces que los acreedores retirasen los restantes haberes, lo que provocaría la quiebra de la empresa.

## «SU CARRERA RESUMIDA EN UN SOLO PÁRRAFO»

«Hay una cosa que no debe usted olvidar —escribe la periodista Molly Ivins—¹al examinar la trayectoria de George W. Bush en los negocios del petróleo: nunca creó o encontró la menor fuente de beneficios, salvo si se capitalizan los dólares que afluían para quedar enterrados en los subsuelos tejanos.» Y añade: «Su carrera petrolera puede resumirse en un solo párrafo: llegó a Midland [un arrabal de Houston] en 1977, creó una primera compañía, perdió en 1978 una elección al Congreso, relanzó una nueva compañía, perdió más de dos millones de dólares de sus socios, mientras él se marchaba de Midland con 840.000 dólares en el bolsillo.»

Eso era lo más desconcertante: todos los que habían tratado con George W. Bush habían perdido lo invertido, salvo él. Más sorprendente aún: cada nuevo fracaso le enriquecía un poco más.

En 1986, Harken Corporation corrió a socorrer a Spectrum 7, absorbiéndola. El *Times Magazine* describía esta compañía petrolera, de tamaño medio y con base en Dallas, como «una de las creaciones más misteriosas y desconcertantes en el universo de la explotación petrolera». También ahí hallamos, calcado, el mismo guión. George W. recibió 600.000 dólares, el equivalente de 212.000 acciones de Harken, lo nombraron miembro del consejo directivo y vio cómo le atribuían un cargo de consultor con 120.000 dólares anuales de sueldo. La presencia de Bush atrajo a un nuevo inversor que adquirió una gran parte del capital. Esta vez, no se trataba ya de una persona privada, sino de Harvard Management Company, la sociedad que administraba y efectuaba las inversiones en beneficio de la prestigiosa universidad de Harvard.

El antiguo presidente de Spectrum 7, Paul Réa, declaró más tarde: «Los dirigentes de Harken creían que tener el nombre de George sería de una gran ayuda para ellos.» Sin embargo, en 1987, la situación de Harken se había hecho tan insostenible que tuvo que renegociar urgentemente su deuda. Por lo general, una sociedad en dificultades atrae a los depredadores, se huelen el buen negocio y están dispuestos a comprarla al mejor precio. En el caso de Harken, en efecto, los depredadores afluyeron, pero para inclinarse sobre su cabecera con una inaudita solicitud. Todos mantenían estrechos vínculos con el BCCI.

Jackson Stephens, un banquero de inversión de Arkansas, el estado del que Bill Clinton era gobernador, había desempeñado un papel decisivo en la implantación de esta entidad bancaria en Estados Unidos, sobre todo al favorecer la compra del First National Bank de Washington. Stephens mantenía estrechos vínculos con Abedi, el fundador del BCCI.

George W. se dirigió a Little Rock, Arkansas, para reunirse con él y, poco después, su firma, Stephens Inc., corrió a socorrer a Harken; obtuvo de la Unión de Bancos Suizos (la UBS) una inversión de 25 millones de dólares, en forma de préstamo en *joint venture* con el Banco de Comercio y de Inversión, la filial suiza del BCCI, con sede en Ginebra, y en la que la UBS poseía una participación minoritaria. Era como mínimo insólito que la UBS reflotara una pequeña compañía petrolera en dificultades. Por aquel entonces, Bin Mahfuz, el banquero de Bin Laden y de la familia real saudí, estaba a punto de hacerse con el control del 20 % del BCCI. Uno de sus amigos íntimos, el jeque saudí Abdulá Taha Bajsh, adquirió el 17,6 % de Harken, convirtiéndose así en su principal accionista. En aquella época, Jhalid bin Mahfuz parecía haber hecho de Tejas y de su proximidad con la familia Bush los dos polos esenciales de sus actividades. Según Jonathan Beaty y Gwyne en su artículo de investigación «Outlaw Bank», el saudí efectuó numerosas inversiones en Tejas, utilizando como bufete de abogados a Baker y Botts, la firma que pertenecía a James Baker, el amigo íntimo de George Bush que años más tarde se convertiría en su secretario de Estado y que, por aquel entonces, administraba buena parte de los negocios de la familia Bush. En 1985, Mahfuz, por lo demás, compró el Bank Tower, uno de los más imponentes rascacielos de Dallas, que pertenecía al Texas Commerce Bank, fundado y controlado por la familia Baker. La adquisición se cifró en 200 millones de dólares, es decir, 60 millones más que el coste de construcción del edificio, cuatro años antes. Semejante generosidad era tanto más inexplicable cuanto que los precios del sector inmobiliario, por aquellas fechas, se habían derrumbado, con todo el peso del término.

Las revelaciones sobre los escándalos del BCCI, ese «verdadero sindicato del crimen», según sentenció un investigador, no comprometieron en absoluto la carrera de Stephens ni su proximidad con los Bush. En 1998, su mujer, Mary Anne, dirigió el comité de apoyo a George Bush en Arkansas, mientras su marido podía presumir de pertenecer al muy exclusivo «club de los 100» que agrupaba a las personalidades que habían donado más de 100.000 dólares para la campaña presidencial del candidato republicano. En 1991, su empresa Stephens Inc. donó 100.000 dólares durante una cena destinada a obtener fondos para financiar el intento de reelección de Bush padre, un año más tarde. Tenaz en los negocios pero agradecido, aportó también una sustancial contribución, en 2001, para la ceremonia que marcaría la entrada en la Casa Blanca de George W.

El 11 de abril de 2001, el antiguo presidente Bush jugó con Stephens un partido de golf, en el terreno que llevaba con toda sencillez el nombre del financiero, el Stephens Youth Golf Academy, en Little Rock. Entretanto, Bill Clinton, al que Stephens también había apoyado en su día, había abandonado el escenario y un Bush ocupaba de nuevo el despacho oval. Al finalizar el partido, George Bush declaró en público: «Jack, le queremos y le agradecemos mucho, mucho, todo lo que usted ha hecho.»

Después de que Harken se hubiese salvado, George W. se instaló en Washington, en 1988, para participar en la campaña de su padre. Dejó un recuerdo bastante difuso, como mínimo. Participó en cenas con representantes de la derecha republicana más religiosa para obtener fondos, y varias veces tuvo encontronazos con periodistas a los que reprochaba su cobertura, partidista y hostil, de la campaña que hacía su padre. Aquello no contribuyó a mejorar su reputación.

«Todos los hijos intentan complacer a su padre, y eso hacía George W.», recuerda Marlin Fitzwater, portavoz de Bush padre. Pero el futuro presidente manifestó durante aquella campaña una «ansiedad edípica», según un íntimo, quien llegó a confesar que prefería que su padre fuera derrotado y se retirase de la vida pública, dadas las muy fuertes expectativas que envuelven la entrada en política del hijo de un presidente.


En enero de 1990, Harken Energy volvió a ocupar el centro del escenario. Un anuncio hizo que enmudeciese el mundo de las empresas petroleras. El emirato de Bahréin había decidido otorgar a esta firma una importante concesión para la explotación del petróleo *off-shore*, ante sus costas: una de las zonas más deseadas... Parecía una decisión incomprensible, pues Harken no sólo era una empresa pequeña que nunca había realizado la menor perforación fuera de Estados Unidos, sino que además carecía de experiencia en el delicado campo de la extracción submarina. Sólo había una explicación plausible: la familia reinante en Bahréin estaba ansiosa por complacer a la familia Bush.

Sin embargo, esto no coincidía por completo con la realidad y, también ahí, la influencia de los contactos del BCCI había tenido su peso. El primer ministro de Bahréin, el jeque Jalifa, hermano del emir y accionista del BCCI, había apoyado activamente el proyecto, al igual que el embajador de Estados Unidos destinado por aquel entonces al emirato, Charles Holster, veterano de la CIA y promotor inmobiliario en San Diego, que había contribuido con generosidad a la campaña presidencial de George Bush. Holster era un antiguo socio de Muhammad Hammud, un chií libanés que había realizado varias operaciones importantes para el BCCI en Estados Unidos, y que moriría unos meses más tarde, en Ginebra, en condiciones que siguen siendo turbadoras.

La influencia de Bin Mahfuz se dejaba sentir con intensidad. Unas informaciones concordantes indicaban que había intervenido ante el rey Fahd de Arabia Saudí y sus hermanos para que presionaran a los dirigentes del pequeño emirato vecino, en favor de Harken. En todo caso, hay un hecho demostrado: Bin Mahfuz, a pesar de la caída del BCCI, siguió siendo un interlocutor respetado por Bush padre, sin dejar de ser socio de la familia Bin Laden en varios proyectos.

Otra similitud también turbadora: en la década de 1960, Bush padre había recibido también un inesperado apoyo cuando su compañía, Zapata —de la que un documento oficioso publicado más tarde afirmaría que mantenía vínculos con la CIA—, obtuvo un lucrativo contrato, absolutamente idéntico: la explotación de las primeras perforaciones en aguas profundas ante las costas de Kuwait.

El anuncio del favor hecho a Harken provocó una espectacular subida de las acciones de la sociedad. El 20 de junio de 1990, George W. vendió, para sorpresa de todos, los dos tercios de su cartera. La acción se cotizaba entonces a cuatro dólares. Obtuvo así una soberbia plusvalía de 848.560 dólares. Ocho días más tarde, Harken anunció pérdidas de 23 millones de dólares, y las acciones se depreciaron un 75 %, para cerrar el año con un valor aproximado de un dólar.

Menos de dos meses después, Irak invadía Kuwait...

# 3*

Cuando su padre fue elegido presidente, en 1988, George W. Bush comenzó a cuestionarse seriamente su porvenir. Habló con varios colaboradores de su progenitor y les pidió que redactaran un estudio sobre el destino de los hijos de presidentes estadounidenses. El informe, que constaba de 44 páginas, pasaba revista a las trayectorias familiares y profesionales de todos aquellos hombres, y llevaba el sobrio título de «Todos los hijos de presidentes».

Un destino llamó especialmente la atención de George W., el de John Quincy Adams, el sexto presidente de Estados Unidos que sucedió veinticuatro años más tarde a su padre, John Adams, segundo presidente del país. El estudio refería también que los dos hermanos de John Quincy se habían sumido en el alcoholismo y que uno de sus hijos se había suicidado.

A George W., que reconoció haber sentido hasta los cuarenta años una fuerte afición por el alcohol, le intere-

* Este capítulo se corresponde con el capítulo 4 de la edición francesa.

saron también mucho algunas sugerencias que contenía el informe.

Curiosamente —escribían sus autores—, la política es una de las profesiones donde un hijo de presidente se expone menos a las críticas. Si obtiene un empleo de periodista, se afirmará que ha sido gracias a las relaciones de su padre; si lo eligen para el Congreso, se le atribuirán todos los méritos. Históricamente —proseguía el estudio—, deben conjugarse tres factores dinámicos cuando el hijo de un presidente decide lanzarse a una carrera política con éxito:

a. La presidencia (del padre) debe considerarse un éxito o, en cualquier caso, no parecer un fracaso.

b. La familia debe mostrarse unida ante esta decisión.

c. Esta carrera tiene que iniciarse rápidamente, mientras el presidente esté en el poder.

George W. mandó que se destruyeran todos los ejemplares del informe, pero es muy probable que éste influyera en sus opciones, puesto que, en 1990, decidió presentarse para el puesto de gobernador de Tejas, mientras su padre estaba aún en la Casa Blanca. No resultó elegido, pero dio pruebas, en adelante, de una decisión y una constancia que hasta entonces nunca había demostrado.

A diferencia de su padre, que se vio profundamente afectado por su derrota, en 1992, y se sumió en el mal humor y la depresión, él no pareció afectado ni desestabilizado. Tras la derrota de 1990, dio las gracias a sus colaboradores y añadió: «Y ahora es el momento de moverse.» Volvía la página sin dificultad, «indiferente —según uno de sus allegados— a lo que de él pudiera decirse o pensarse».

La decisión de encargar ese informe revelaba también algo más profundo: la herencia familiar, el peso dinástico que gravitaba sobre todas sus decisiones. Cuanto había hecho hasta entonces estaba estrechamente ligado a su apellido y a las relaciones familiares. «¿En qué medida —escribía un observador— era un hombre que decidía sus elecciones y su destino?»

Responder de manera negativa parece algo evidente. Sin embargo, es necesario matizar.

Es cierto que la protección y el apoyo de su familia le habían permitido enriquecerse (de modo inmerecido, probablemente) como hicieran su padre y su abuelo, lo que le posibilitó lanzarse luego a una carrera política; pero también es cierto que paradójicamente, en este terreno iba a emanciparse realmente, y a adquirir una independencia de carácter y de juicio que parecía haberle faltado hasta entonces.

«El bien no hace ruido; el ruido no hace bien.» Esta sentencia de un maestro herrero francés de principios del siglo XX se aplica a la perfección a los Bush. A pesar de las negativas de George Bush —«no somos una dinastía y detesto esa palabra»—, los Bush encarnan «la dinastía tranquila» de Estados Unidos, como los calificó la revista *Time*. Desde hace cuatro generaciones nadan en riqueza e influencia. Modestos y discretos en la superficie, son prudentes, ponderados y perfectamente correctos. Justo lo contrario de los Kennedy, que destacaban y eran sexys y provocadores. Según un periodista, «Jackie Kennedy confería *glamour* al más horrendo de los sombreros; Barbara Bush, en cambio, se parece a sus collares de perlas».

Sin embargo, nos equivocaríamos si viéramos en esa mujer de cabellos blancos a un personaje insulso. Al contrario, tiene el carácter más firme de la familia, y George W. ha heredado varios de sus rasgos: cierta dureza, una voluntad insensible a los matices, una actitud moral en la que todo es blanco o negro, una verdadera confianza en el instinto y una desconfianza sin límites hacia la introspección; finalmente, una incapacidad congénita para soportar a los imbéciles.

A comienzos del año 2002 George W. recibió al primer ministro británico, Tony Blair, en su rancho de Crawford, en Tejas, y se entregó a un ejercicio que pocas veces practica: expresar el fondo de su pensamiento. En efecto, confesó a los periodistas: «He explicado al primer ministro que la política que sigue mi gobierno pretendía derribar a Saddam.» Luego añadió: «Tal vez debiera mostrarme menos directo y matizar más, para declarar que apoyamos un cambio de régimen.»

En opinión de los familiares de los Bush, era el comportamiento típico que habría tenido su madre.

Esta mujer, falsamente modesta y realmente arrogante, había revelado, justo después de la elección de su hijo: «Hasta hoy, un estadounidense de cada cuatro era gobernado por los Bush [aludía a George W. y a su hermano menor, Jeb, respectivamente gobernadores de Tejas y de Florida, dos de los estados más poblados de la Unión], ahora el país entero será de nuevo gobernado por un Bush.» Según un antiguo consejero de su padre, Jim Pinkerton, George W. «no tenía ese optimismo que caracteriza a numerosos presidentes de Estados Unidos, incluido su padre». Y añade: «El antiguo presidente nunca hizo la lista de sus enemigos. George W., en cambio, la tiene siempre en su cabeza.»

## «LA HEREDAD Y LA CUNA»

Las cualidades y las circunstancias son a menudo las claves de un éxito. George W. se ha beneficiado sobre todo de las segundas.

En un excelente artículo que Kevin Phillips publicó en *Harper's Magazine*, el autor explicaba el hecho de que el hijo hubiese resultado elegido sólo ocho años después de haber dejado el padre la Casa Blanca, por el clima profundo que reinaba entonces en Estados Unidos y que lanzaba a los electores hacia una verdadera «restauración política». «Durante ocho años —escribía Phillips— había ocupado la Casa Blanca un Casanova, de origen modesto, que cuando era gobernador de Arkansas utilizaba sin esconderse a la policía de su estado como si se tratase de un servicio de chicas de compañía. Frente a estos comportamientos, los cuatro años profundamente sosos de George Bush en la Casa Blanca aparecían en la memoria colectiva como un modelo de dignidad y de espíritu caballeresco.» Una nostalgia popular por la clase alta tradicional, sus valores, su modo de vida, renacía con fuerza, y George Bush, con sus polos Ralph Lauren, su residencia de verano en Kennebunkport, Maine, su afición a la falta de notoriedad, la encarnaba a la perfección.

Naturalmente, George W., según palabras de Marylin Quayle, la mujer del vicepresidente Dan Quayle, que acompañó en las listas electorales a George Bush, era «un tipo que nunca había hecho nada, y todo lo que había obtenido se lo debía a papaíto». Se afirmaba que era superficial, perezoso y arrogante, que carecía de cualquier sofisticación intelectual, pero, como escribía Phillips, «por primera vez en la historia de Estados Unidos, los atributos de un candidato a la presidencia se parecían a los del príncipe de Gales: la heredad y la cuna».

Winston Churchill había esbozado un retrato cruel de Neville Chamberlain que era, como George W., hijo de un político célebre. «Es un personaje —decía— que, en caso de ausencia de otro candidato, habría sido un buen alcalde de Birmingham.»

Salvo por algunos comentaristas políticos e intelectuales irónicos, la práctica totalidad de la opinión pública de Estados Unidos le concedía, en cambio, el beneficio de la duda antes de su elección. Más aún, la imagen patricia que proyectaba la familia Bush hacía pensar a los estadounidenses que George W. llevaba en los genes la política exterior. Era una ilusión, claro está. George W., antes de su llegada a la Casa Blanca, sólo había viajado cinco veces al extranjero, dos de ellas a México, país fronterizo con Tejas.

Cuando se presentó a las elecciones presidenciales, era el candidato en liza más rico desde Lyndon Johnson, en 1964. Y todo gracias al béisbol.


A comienzos de 1989, Eddie Chiles, un millonario que había hecho fortuna con el petróleo y era amigo de George Bush desde principios de la década de 1950, decidió vender el club de los Texas Rangers. George W. era uno de sus más fervientes aficionados y para él, que en realidad ya no tenía actividad alguna, se trataba de una seductora oportunidad. Todas las puertas se le abrieron. Adquirió algo menos del 2 % del capital del club, y 1,8 %

exactamente, a cambio de 600.000 dólares. Compró sus acciones con un préstamo de 500.000 dólares que le facilitó un banco de Midland, del que había sido uno de los directores, y con 106.000 dólares que le prestaron algunos amigos. Su participación era, con mucho, la más modesta. Richard Rainwater, el consejero financiero de los hermanos Bass, los millonarios tejanos, había invertido, por su parte, más de 14,2 millones de dólares. Rainwater era un hombre que inspiraba una confianza ciega en Wall Street. Entre 1970 y 1986, había transformado la herencia de 50 millones de dólares de los hermanos Bass en 4.000 millones de dólares.

Dos meses después de la entrada de su padre en la Casa Blanca, George W. anunció durante una conferencia de prensa que se había cerrado el trato y que la venta se había pactado por un total de 86 millones de dólares.

Su participación era mínima, pero se comportaba como el verdadero «propietario» del club: asistía a todos los partidos y los comentaba luego por televisión. Muy pronto comenzó a firmar autógrafos e hizo que le imprimieran «tarjetas de béisbol» en las que aparecía su foto. Se hacía popular gracias al Texas Rangers, y los poderosos financieros con los que se había asociado, en el seno del club, seguían la metamorfosis con interés.

Su trayectoria comenzaba a parecerse cada vez más a la de Ronald Reagan.

El 2 de enero de 1967 a las 0.16 h., Ronald Reagan había prestado juramento como gobernador de California. Ante la mirada de 32 cámaras de televisión, había exclamado: «¡Bueno, ya estamos de nuevo en el show de medianoche, como en la tele!» Para todos los escépticos del país, aquél era el último *gag*: un actor políticamente inexperto ocupaba el cargo más importante del estado más rico y más poblado del país. Para Reagan, se trataba del primer éxito político tras haber pasado ocho años recorriendo Estados Unidos como orador itinerante de General Electric. «En Hollywood —confesaba con humor— cuando no se sabía bailar o cantar, se acababa como orador de banquetes; de modo que me han convertido en un orador.»

La poderosa empresa le había ofrecido a Reagan ese puesto en el marco de una estrategia de relaciones públicas, destinado a mantener alta la moral de su personal, mientras iba descentralizándose cada vez más. Reagan pasó así 250.000 minutos de pie tras un micrófono y habló ante más de 300.000 personas en sus visitas a 135 fábricas.

Hombres ricos, influyentes, conservadores, vieron en él, tras semejante hazaña, al candidato ideal para el puesto de gobernador, antes de que se convirtiera, trece años más tarde, en el cuadragésimo presidente de Estados Unidos.

Era, poco más o menos, la evolución que se adivinaba con George W., pero él poseía algo más con respecto a Reagan, una baza decisiva: Tejas era ya el feudo de su padre, y su padre estaba en la Casa Blanca. Ambos detalles iban a permitir que el club de béisbol de los Texas Rangers se transformase no sólo en una formidable empresa de relaciones públicas para George W., sino también en una operación financiera, con una rentabilidad que superó todas las expectativas.

Cuando se decidió construir un nuevo estadio, el ayuntamiento de Arlington ofreció el terreno para levantar uno de 49.000 plazas y, además, garantizó también, hasta los 135 millones de dólares, la financiación de la construcción, que se había estimado en 190 millones de dólares. Los propietarios del club ni siquiera tuvieron que desembolsar dinero para sufragar su parte en los trabajos, pues esa cantidad se pagó gracias a un aumento del precio de la entrada. Mientras que los ingresos anuales del club, sólo por derechos de retransmisiones televisivas y ventas de entradas, se cifraban en más de 100 millones de dólares, las rentas que se abonaron a la ciudad de Arlington, a pesar de la magnitud de sus compromisos, no superaban los 5 millones de dólares.

Peor aún: una familia que se negó a vender su terreno para la construcción del estadio fue expropiada, y sus 5 hectáreas se convirtieron en propiedad del club.


El 8 de noviembre de 1993, George W. anunció que se presentaba para el cargo de gobernador de Tejas contra la demócrata Ann Richards, una amiga de Bill Clinton y encarnizada adversaria de los Bush. En 1994, venció, ante la sorpresa general, con un 53 % de los votos, frente al 46 % de su adversaria. Su campaña se había apoyado en un tema reiterado con vigor: se daba prioridad a la responsabilidad personal y a la capacidad de asumirse más que a intentar depender del gobierno.

Era una opción popular entre los electores tejanos, individualistas y desconfiados por demás ante todas las iniciativas que procedían de Washington, pero sorprendente por parte de un hombre que encarnaba tan mal esos principios.

Poco después de asumir el cargo, se acercó a él Thomas D. Hicks, uno de los hombres más ricos de Tejas, que vestía siempre trajes vistosos y botas de vaquero. Su firma de inversiones tenía intereses en cadenas de radio y televisión, compañías alimentarias y de bebidas, y sociedades inmobiliarias. Hicks quería entregarle un cheque de 25.000 dólares, como contribución a su campaña electoral. Era exactamente la cantidad que había donado a la demócrata Ann Richards, su desgraciada adversaria y ex gobernadora.

George W. lo sabía, pero, tan dispuesto antaño a no perdonar nunca, esta vez aceptó el dinero, e hizo bien pues Thomas Hicks iba a convertir a Bush en un hombre rico, y los vínculos entre ambos hombres, con el tiempo, no hicieron sino estrecharse aún más.


Hicks poseía un equipo de hockey sobre hielo, los Dallas Stars, y trataba de conseguir que se le permitiese construir un nuevo estadio, como había hecho George W. con su club de béisbol. En junio de 1997, el gobernador Bush firmó una nueva legislación que preveía otro tipo de impuestos para financiar la construcción de equipamientos deportivos. Unos meses más tarde, en Dallas se inició una obra de 230 millones de dólares para la construcción de un estadio que pudiera albergar partidos de hockey y también de baloncesto. La decisión tuvo por efecto la revalorización del equipo de hockey de Hicks, pero favoreció también a uno de los principales socios de George W., el millonario Rainwater, quien se embolsaría una comisión de 10 millones de dólares tras la construcción del estadio.

Un año más tarde, en 1998, Hicks anunció su intención de comprar el club de Bush, los Texas Rangers. Ofrecía 250 millones de dólares, es decir, tres veces el precio que Bush y sus asociados habían pagado en 1989. Cuando el acuerdo estuvo firmado, George W. manifestó su alegría: «Tengo más dinero del que nunca había soñado.» Los 15 millones de dólares que obtuvo el futuro presidente representaban, en efecto, un enorme beneficio comparado con su inversión inicial.

## «Compasión» y «Comprensión»

En política, Bush quería ser un conservador «firme pero lleno de compasión». Durante sus dos mandatos, Tejas fue el estado del país que más aplicó la pena de muerte. Pero la «compasión» que Bush había manifestado abiertamente se convertía en «comprensión» cuando se trataba de sus amigos y socios, como reveló Joe Conason en un excelente artículo de investigación. Un extraño juego de intereses cruzados, cuidadosamente ocultos, se desarrolló en torno a George W. durante esos años.

Cuando se hubo convertido ya en gobernador, sus acciones de los Texas Rangers no fueron colocadas en un *blind trust*, como exige la ley y la moral. Cualquier político electo debe depositar el total de su capital en una cuenta a la que no tiene acceso y que no puede administrar mientras permanece en el cargo.

Nadie protestó cuando parte de los 15 millones de dólares que recibió en la reventa se colocaron en un *blind trust* cuyo fiduciario era su socio Rainwater. Parecía que para Bush la impunidad estaba garantizada. Ya en 1990, cuando había vendido al precio más alto sus acciones de Harken y se había embolsado una sustancial plusvalía, menos de dos meses antes de que Saddam invadiera Kuwait, algunos expertos habían hablado de un delito de información privilegiada, al sospechar que George W. se había aprovechado de ciertas revelaciones que le había hecho su padre. Pero el presidente de la SEC (el organismo que se encarga de controlar las operaciones bursátiles) era, por aquel entonces, un partidario acérrimo del presidente Bush, y había archivado el caso.

Una de las medidas que adoptó George W. durante su primer mandato fue proponer la privatización de los hospitales psiquiátricos. Esta decisión, según el *Houston Chronicle*, benefició a Magellan Health Services Inc., una sociedad que controlaba Richard Rainwater.

Bush nombró a Thomas Hicks presidente de la University of Texas Investment Management Co., un organismo privado que se había creado especialmente gracias a una ley promulgada para administrar el conjunto de los fondos e inversiones de la Universidad de Tejas. Un verdadero tesoro cuyos activos ascendían a 13.000 millones de dólares.

Nueve millones de dólares se colocaron en el grupo de Rainwater, Crescent Equities. El comité que dirigía Hicks decidió, por su parte, destinar 1.700 millones de dólares, también de los fondos que pertenecían a la universidad, a inversiones más rentables en empresas privadas. Un tercio de esta suma se invirtió en fondos que pertenecían a amigos o socios de Hicks. Todos los beneficiarios eran simpatizantes del partido republicano y habían contribuido generosamente a la financiación de la campaña de 1994 del gobernador Bush.


Incluso en un estado como el de Tejas, donde intereses públicos y fortunas privadas están vinculados hasta un grado desconocido e impensable para el resto del país, estas prácticas escandalizaban. El *Dallas Morning Post* publicó un artículo, en marzo de 1999, en el que se revelaba que algunos funcionarios habían criticado el secretismo que rodeaba al comité presidido por Hicks, sus decisiones en materia de inversión, y habían insinuado potenciales conflictos de intereses por parte de los miembros del consejo de administración. Un informe ponía de manifiesto también que la política de inversión «agresiva» preconizada por Hicks había producido un beneficio del 16 %, que estaba por debajo de los logros obtenidos por el Down Jones y era claramente inferior a los resultados logrados por un buen número de otros inversores.

Otra iniciativa, que por aquel entonces pasó desapercibida, detallaba toda la complejidad y la ambigüedad de las redes financieras que los Bush habían tenido. Un verdadero poder oculto y paralelo que había forjado alianzas como mínimo sorprendentes.

El 1 de marzo de 1995, sólo unas semanas después de que George W. tomase posesión de su cargo de gobernador, Thomas Hicks y su consejo decidieron invertir 10 millones de dólares procedentes de la Universidad de Tejas en el grupo Carlyle, un fondo de inversión con sede en Washington y del que en su página de Internet se decía que estaba «haciendo una estrategia de inversión en la intersección del gobierno y el mundo de los negocios».

Entre las primeras adquisiciones de Carlyle, creada en 1989, destaca la compra de Caterair, una de las más importantes sociedades estadounidenses para la fabricación de bandejas de comida destinadas a las compañías aéreas. En 1989, se había nombrado a George W. miembro del consejo directivo de la firma, cargo que conservó hasta 1994, y cuyas rentas nunca declaró a la comisión para los negocios éticos de Tejas.

Carlyle representaba mucho más que un simple fondo de inversión. Era ante todo una verdadera organización de hombres de poder, de primera línea, que tenían abiertas las puertas de todos aquellos que tomaban decisiones políticas, económicas y financieras, y eran capaces de influir en sus decisiones.

El emplazamiento de su sede, en Washington, es un símbolo por sí solo: situado en Pennsylvania Avenue, está justo a mitad de camino entre la Casa Blanca y el Capitolio, y en los alrededores de los principales departamentos y agencias federales.

Carlyle, que cultiva una maníaca afición al secreto (un experto sostiene: «Son poderosos, son discretos»), es la firma privada de inversiones más importante del país, con casi 16.000 millones de dólares de activos. Tiene participaciones en más de 164 sociedades de todo el mundo que emplean un total de 70.000 personas. Más de 450 bancos y fondos de pensiones están invertidos en Carlyle, al igual que Calpers, el mayor fondo de pensiones estadounidense, que administra las jubilaciones de los empleados del servicio público californiano.

Carlyle, que se creó en 1987, se dinamizó cuando en 1989 ocupó su dirección Frank Carlucci, que había sido durante muchos años director general adjunto de la CIA, antes de convertirse en secretario de Defensa con Ronald Reagan. Se rodeó de colaboradores que eran todos veteranos del Pentágono y del servicio secreto.

«Pentagone Inc.», apodo que se daba al Departamento de Defensa, era también una gigantesca empresa, estrechamente vinculada a todos los gigantes de la industria. Carlucci conocía en persona a los dirigentes de estas empresas, y orientó sus principales inversiones hacia el sector de la defensa. Y lo hizo con indiscutible olfato, puesto que en doce años Carlyle obtuvo unos dividendos anuales del 34 %.

Aún hoy, los dos tercios de sus inversiones o participaciones se centran en firmas vinculadas al sector de la defensa y de las telecomunicaciones, a tal punto que se considera que Carlyle es el undécimo fabricante de material militar de Estados Unidos; en concreto, sus compañías fabrican tanques, alas de avión, misiles y una gran variedad de otros equipamientos.

Carlucci afirmaba en una entrevista: «Conozco muy bien a Donald Rumsfeld. Somos grandes amigos desde hace muchos años. Íbamos juntos a la universidad.» Los dos hombres se han encontrado recientemente, varias veces, y también con el vicepresidente Dick Cheney, para discutir «proyectos militares». Según Charles Lewis, director ejecutivo del Centro para la Integridad Pública, una organización sin ánimo de lucro, «Carlyle está completamente imbricada con la administración».

Un solo ejemplo basta para ilustrar esta complicidad, cercana a la ósmosis: Carlyle adquirió en 1997, por 850 millones de dólares, United Defense Industries, una compañía de armamento con sede en Virginia.

En septiembre de 2001, tras el acuerdo escrito de George W. Bush, la empresa firmaba un contrato de 12.000 millones de dólares con el Pentágono, referente al desarrollo del programa Crusader, un sofisticado sistema de artillería. Sin embargo, durante los tres últimos años, todos los expertos del Pentágono consultados habían rechazado firmemente el proyecto, al considerarlo por completo inadecuado a las exigencias de una guerra moderna.

Ya es sorprendente descubrir que el responsable de un fondo de inversiones negocie con el secretario de Defensa de un presidente que fue, antaño, asalariado de este fondo, pero aún lo es mucho más descubrir que el padre del actual presidente es uno de los pilares de Carlyle, al igual que su antiguo secretario de Estado, James Baker.

James Baker es uno de los dieciocho asociados de la firma (cada uno poseería un capital de 180 millones de dólares) y un inversor exterior, mientras que George Bush es el consejero especial para el fondo asiático de Carlyle, una zona que geográficamente abarca tanto Corea como Arabia Saudí.

Ahora bien, George Bush, aureolado por su victoria en la guerra del Golfo, sigue siendo uno de los interlocutores privilegiados de los dirigentes saudíes. «El problema aparece cuando negocios privados y política pública se confunden», considera Peter Eisner, del Centro para la Integridad Pública, quien añade: «¿Cuál será el traje que se pone el antiguo presidente cuando se entrevista con Abdulá, el príncipe heredero de Arabia Saudí, y le dice que no se preocupe por la política de Estados Unidos en Oriente Próximo o cuando James Baker interviene en Florida, durante el discutido recuento de votos de las elecciones presidenciales, en favor del hijo de Bush? Pues bien, precisamente este tipo de comportamientos y funcionamientos han permitido el éxito de Carlyle.»

Para Larry Klayman, presidente de Judicial Watch, una organización jurídica no gubernamental, la presencia de George Bush en la dirección de Carlyle constituye un «evidente conflicto de intereses. Cualquier gobierno o inversor extranjero que intente ganarse los favores de la administración Bush hará negocios con Carlyle. Y con el antiguo presidente Bush asumiendo la promoción de las inversiones de este fondo en el extranjero, numerosos gobiernos y particulares podrían, de modo absolutamente comprensible, confundir los intereses del grupo Carlyle y los del gobierno de Estados Unidos».

Este conflicto de intereses puede ir más lejos aún, como subraya Charles Lewis: «George Bush gana dinero procedente de intereses privados que hacen negocios con el gobierno, mientras su hijo es presidente, y en cierto modo George W. Bush podría beneficiarse algún día, en el ámbito financiero, de las decisiones que tome su propia administración, a través de las inversiones de su padre. El estadounidense medio ignora todas esas cosas.»

Carlyle está bien situada para obtener suculentos dividendos procedentes de la guerra de Irak: United Defense Industries fabrica los carros Bradley, estacionados en el desierto, en la frontera con Irak, así como los misiles de lanzamiento vertical que equipan los navíos estadounidenses que surcan la zona del golfo Pérsico.

George Bush también cobra de Carlyle por pronunciar discursos ante auditorios cuidadosamente seleccionados. Recibe 100.000 dólares por intervención.

Durante una estancia en Arabia Saudí, con ocasión de un foro económico al que acudió acompañado por el antiguo primer ministro británico John Major, otro responsable de Carlyle, George Bush fue recibido por el rey Fahd y, sobre todo, por el príncipe heredero. Tuvo derecho a un crucero en el yate real, al que siguió una recepción en un palacio a las puertas de Riad. Los dirigentes saudíes revelaron que se sentían deseosos de privatizar el sistema telefónico del país y que las inversiones extranjeras serían bienvenidas.

Numerosas firmas de todo el mundo se mostraron muy interesadas por el proyecto. Sin embargo, una sociedad parecía gozar de las preferencias de los saudíes. Se trataba de una compañía tejana, SBC, que tenía dos características. En primer lugar, estaba asociada con Carlyle, y Carlyle operaba también como consejero financiero del gobierno saudí, y en segundo lugar, sus dirigentes habían contribuido, hasta con 50.000 dólares, a la campaña para el cargo de gobernador de Bush.

Último ejemplo de esta equívoca relación entre los Bush y Carlyle: cuando era gobernador, George W. nombró a varios miembros de la dirección del organismo que controla los fondos de pensiones del personal docente de Tejas. Unos años más tarde, esta dirección decidió invertir 100 millones de dólares procedentes de estos fondos públicos en el grupo Carlyle.

GEORGE BUSH EN CASA DE LOS BIN LADEN

Existe también una realidad que Carlyle nunca habría deseado que saliera a la luz, sobre todo desde los atentados del 11 de Septiembre de 2001: uno de sus asociados financieros, del que George Bush era consejero, no era otro que la familia Bin Laden. Sus inversiones, que se habían efectuado en 1995, ascendían oficialmente a dos millones de dólares, y la familia había obtenido unos dividendos de 1,3 millones de dólares, el equivalente a un beneficio del 40 %. El fondo Partners II, a través de 29 operaciones de inversión o de compra, controlaba varias compañías aeronáuticas. Un experto financiero que mantiene vínculos de negocios con los Bin Laden estima que su compromiso en Carlyle es, en realidad, mucho más importante y que esos dos millones de dólares, a su entender, sólo representan una «contribución inicial». En Londres, Carlyle y los Bin Laden parecen haber tenido el mismo abogado, que administra también los intereses de la familia real británica.

En más de una ocasión, Frank Carlucci y James Baker han efectuado la peregrinación a Yidda, el cuartel general del grupo Bin Laden, para entrevistarse con hermanos de Ossama. Bin Laden Group supone más de 5.000 millones de dólares de rentas anuales, da empleo a 40.000 personas y, en el transcurso de los años, ha diversificado sus actividades, manteniendo, en especial, estrechos vínculos con algunos de los mayores nombres de la industria estadounidense.

El gigante General Electric tenía intereses en una sociedad de distribución de electricidad instalada en Yidda, bajo el control de los Bin Laden. General Electric había proporcionado el equipamiento para varias fábricas. Motorola reconoció haber vendido redes inalámbricas y teléfonos móviles al grupo, y haber tenido una participación común con la familia Bin Laden, en el seno de Iridium, una compañía de telefonía por satélite que quebró. Los

Bin Laden trabajaban también asociados con el gigante canadiense Nortel Networks, cuyo presidente había sido Frank Carlucci. Tellabs Inc., con sede en Illinois, y Picture Corps, instalada en Massachusetts, son también sus socios.

Desde hace muchos años, el grupo y la familia Bin Laden se han convertido en socios de elección para las firmas extranjeras, y sus vínculos con Estados Unidos se hicieron más estrechos aún tras la guerra del Golfo, cuando el grupo construyó un aeropuerto y toda la infraestructura que permitía la instalación permanente de las tropas estadounidenses en suelo saudí. Ahora bien, precisamente esta medida que tomaron el rey Fahd y sus allegados, y que aplicó su familia, provocó la cólera de Ossama y su ruptura con el régimen saudí, al que acusó de mancillar el sagrado suelo por acoger a los infieles.


Los miembros de la familia Bin Laden afirman haber desautorizado desde hace mucho tiempo a su hermano o hermanastro, privado de la nacionalidad saudí desde 1994, y no tener ya el menor contacto con él. Algunos investigadores, sin embargo, se muestran escépticos: «Es un clan —afirma uno de ellos—, y es del todo imaginable que algunos mantengan con él un contacto ideológico o puramente familiar.» Ossama, que habría heredado un capital valorado entre 50 y 300 millones de dólares, en metálico y en activos, en modo alguno puede influir en las elecciones y las orientaciones del grupo.


Aun así, existen hechos sorprendentes. En 1996, se produjo un atentado con camión bomba en Darán que acabó con la vida de 19 militares estadounidenses. La investigación revelaría que quienes encargaron el atentado eran simpatizantes de la organización al-Qaeda, perfectamente identificada desde hacía mucho tiempo como una amenaza terrorista de gran envergadura contra los intereses de Estados Unidos. Poco después del atentado, al grupo Bin Laden se le confió la construcción de las pistas de aeropuerto y los barracones destinados a las fuerzas estadounidenses, las cuales, por medidas de seguridad, se hallaban instaladas en pleno desierto.

Los Bin Laden, en parte a través de Carlyle, están estrechamente vinculados con los grandes nombres del partido republicano, con James Baker, claro está, pero sobre todo con George Bush.

Durante sus viajes por suelo saudí, el antiguo presidente estadounidense los visita con regularidad. Eso hizo en 1998, acompañado por James Baker, quien un año más tarde iría de nuevo, esta vez solo, y llegaría ahí en uno de los aviones privados de la familia. Tras una brusca e incomprensible pérdida de memoria, a buen seguro debida a las secuelas de los atentados del 11 de Septiembre, George reconoció haber hablado de nuevo, en enero de 2000, con los Bin Laden en Yidda. Pero, como puntualiza la ayudante del ex presidente, la señora Jean Becker, «el presidente Bush les vio dos veces. No tiene relaciones con la familia Bin Laden».

En realidad, las relaciones entre ambas familias se prolongan desde hace casi veinte años. El 29 de mayo de 1988, Salem bin Laden, que dirigía el grupo y los intereses familiares, se mató a los mandos de su avión, justo después de despegar de San Antonio, en Tejas. El aparato chocó con unas líneas de alta tensión y cayó al suelo. Salem bin Laden era un piloto muy experimentado, con más de 15.000 horas de vuelo. El accidente, según los testigos, fue «inesperado e inexplicable».

Salem Bin Laden tenía como hombre de confianza a Jim Bath, el amigo de George W. que había comprado los aviones de la CIA e invertido, a partir de la década de 1970, en Arbusto, la primera compañía petrolera que creó George hijo: «Bath no tenía ese dinero —declaró uno de sus antiguos socios—. Tal vez se lo había prestado Salem bin Laden.» Entre las operaciones financieras que efectuó Salem en Tejas, estaba la compra del aeropuerto de Houston Gulf. Después de su muerte, esta participación quedó en propiedad de su socio y amigo Jhalid bin Mahfuz, dirigente del banco más importante de Arabia Saudí y accionista, con un 20 %, del BCCI, que ayudó también a George W. Bush en sus negocios. Su entidad bancaria, el National Commercial Bank, de la cual ha cedido el control, sigue siendo una de las más utilizadas por los Bin Laden para buen número de sus operaciones.

Otros vínculos: de 1994 a 1997, el grupo Bin Laden cooperó estrechamente con la compañía HC Price, una empresa de Dallas especializada en instalar oleoductos en Oriente Próximo. Más tarde, se firmó un acuerdo de *joint venture* entre los Bin Laden y Price, que cambió su nombre por Brothers Shaw Inc. Esta compañía se convirtió en una filial de Halliburton Corporation, líder mundial en ingeniería y equipamientos petroleros, tras comprar, en condiciones dudosas, Dressler Industries.

Halliburton, una sociedad tejana, tuvo como presidente y director general, hasta enero de 2001, al actual vicepresidente Dick Cheney. Y Dressler Industries, también con sede en Tejas, fue la primera compañía que ofreció trabajo a George Bush, en 1948.

## «Un conflicto de intereses transformado en escándalo»

Judicial Watch, la firma jurídica antes citada, que investiga los abusos y la corrupción en el seno del gobierno y que había criticado los vínculos de George Bush con Carlyle, afirma: «El conflicto de intereses se ha transformado ahora en escándalo. La idea de que el padre del presidente, y a su vez antiguo presidente, haga negocios con una compañía [la de los Bin Laden] sometida a investigación por el FBI desde los ataques terroristas del 11 de Septiembre de 2001 es aterradora. El presidente Bush no debería pedir sino exigir que su padre dimita del grupo Carlyle.»

Fue necesario aguardar a octubre de 2001, más de un mes después de la tragedia del 11 de Septiembre, para que Carlyle anunciara, en un breve comunicado, que los Bin Laden se habían retirado del fondo de inversiones. Un anuncio que dejó fríos a numerosos expertos. Como escribía, ya el 28 de septiembre de 2001, el *Wall Street Journal*: «Si Estados Unidos desarrolla y aumenta sus gastos militares para intentar detener las actividades terroristas de Ossama bin Laden, su iniciativa podría tener un inesperado beneficiario: la familia Bin Laden...» Por aquel entonces, la cruzada contra Irak no se había iniciado aún...

El 24 de septiembre de 2001, el presidente George W. Bush apareció en el jardín de las rosas de la Casa Blanca, y su conferencia de prensa adoptó un tono churchilliano. Anunció una ofensiva contra las organizaciones financieras que sostenían el terrorismo y quienes las apoyaban: «Los bancos estadounidenses que tienen activos pertenecientes a estos grupos o estos individuos deben congelarlos», y añadió: «Los ciudadanos de Estados Unidos o los hombres de negocios tienen prohibido negociar con ellos.» Pero, como escribió el comentarista Wayne Madsen, «el presidente no ha practicado siempre lo que ahora predica: los propios negocios de los Bush han estado vinculados a personalidades financieras que, en Arabia Saudí, apoyaban a Bin Laden».

Su artículo se titulaba «La pista del dinero de Bin Laden conduce a Midland» (el barrio de Houston donde vivía George W. Bush).

# El mundo secreto de Bush

# 1

George W. Bush se convirtió, en noviembre de 2000, en el cuadragésimo tercer presidente de Estados Unidos tras las elecciones más controvertidas y confusas de toda la historia política estadounidense. Resultó elegido, en efecto, con un total de 337.576 votos populares menos que su adversario demócrata, el vicepresidente Al Gore. El escrutinio fue tan ajustado que se desató una violenta polémica en Florida, el estado del que su hermano menor, Jeb, era gobernador: cierto número de electores no había podido votar, al menos en condiciones satisfactorias. El Tribunal Supremo de Estados Unidos, garante del respeto a las leyes y a las instituciones, intervino en el debate y resolvió en favor del candidato republicano, poniendo fin al recuento de los votos en ese estado clave. Pero fue el destino, en realidad, el que le echó esa manita, gracias a los jueces conservadores del Tribunal Supremo. Algunos debían su carrera al clan Bush, otros estaban estrechamente vinculados a organizaciones ultraconservadoras cristianas. Todas se habían pronunciado por un apoyo inquebrantable al gobernador de Tejas, porque veían en él, tras años de lucha y de activismo, el medio de acceder por fin al poder supremo e imponer allí sus puntos de vista sectarios y retrógrados.

Ocho meses después de la toma de posesión del nuevo jefe del ejecutivo, la semana de los atentados del 11 de Septiembre, la revista *Newsweek* publicó extractos de un libro a punto de aparecer titulado *¿Un presidente accidental?* La pregunta podía parecer provocadora; en realidad, era totalmente errónea. George W. Bush era cualquier cosa salvo el resultado de un accidente electoral. Para un amplio sector de la opinión pública estadounidense, durante este periodo el balance de su administración parecía decepcionante, pero pocos observadores habían evaluado la profunda transformación y el inquietante cambio que se había producido.

En la historia de Estados Unidos, numerosísimos presidentes habían insistido en sus raíces religiosas, salpicando sus discursos con referencias a la Biblia, pero nunca antes de la llegada a la Casa Blanca de George W. Bush la religión había tenido un peso tan aplastante.

Durante su campaña electoral el candidato había afirmado que Jesús era su pensador preferido «porque Él ha salvado mi corazón», y en su primer discurso como presidente declaró que un «ángel cabalga el torbellino y dirige esta tormenta», una extraña y desconcertante alegoría, de tono similar al de las profecías bíblicas.

Apenas llegado al poder decretó una jornada nacional de plegaria, el 20 de enero de 2001, cuando existía ya una en mayo. Poco después anunció un plan destinado a ayudar a los niños con dificultades escolares en los centros públicos para que pudieran integrarse en centros religiosos.

Ya puestos, el 23 de enero de 2001 declaró que deseaba suprimir la financiación pública destinada a las organizaciones de planificación familiar que operaran tanto en el territorio estadounidense como en el extranjero y que aprobaran el derecho de cualquier mujer al aborto. Era una decisión cuidadosamente calculada y sincronizada. Aquel mismo día, miles de militantes de la ultraderecha cristiana, electores suyos, se habían reunido en Washington para pedir que se derogara el decreto promulgado en 1973 por el Tribunal Supremo y que legalizaba el aborto. «No existen precedentes de un presidente que lleve en el cargo dos semanas y haya mezclado de ese modo la religión con la política», estimó Alan Lichtman, historiador de la American University de Washington.

Al pronunciar uno de sus primeros discursos en público, George W. Bush recibió una gran ovación al afirmar: «Los tiempos en los que se discriminaba a las instituciones religiosas porque eran religiosas debe concluir.» Poco después defendió con ardor una de las reivindicaciones principales de las organizaciones cristianas ultraconservadoras e incluso, algunas de ellas, integristas: beneficiarse ampliamente de los fondos públicos para financiar sus programas de ayuda social. Una apreciable fuente de enriquecimiento para esos movimientos y sus dirigentes, hombres de Dios pero también astutos empresarios, la mayoría de ellos dueños de impresionantes fortunas.

«Lo que podéis observar —afirmaba Ralph Mears, presidente de People for The American Way— es una administración mucho más derechista de lo que lo fueron las de Bush padre e, incluso, la de Ronald Reagan. Es, con toda claridad, la derecha la que controla. Y éste es el verdadero programa de esta derecha.»

Durante su campaña, George W. Bush había afirmado que encarnaba un «nuevo tipo de republicano». La realidad estaba revelándose opuesta.

«La nueva alianza» que lo apoyaba estaba volviendo resueltamente la espalda a los valores y a las convicciones tradicionales del partido republicano, al menos a los que defendieron dos de sus líderes históricos, Abraham Lincoln y Dwight Eisenhower. La guerra de Secesión había sido, en efecto, una verdadera prueba para Lincoln. Casi ciento cuarenta años después, la guerra era un objetivo central para esos integristas cristianos, a menudo racistas y antisemitas, extremadamente vinculados a neoconservadores judíos muy próximos al Likud, la derecha israelí que ocupa el poder en Jerusalén. Para esos hombres el necesario enfrentamiento se planteaba en dos niveles.

En el ámbito interior, se trataba de conseguir el desmantelamiento de todo el sistema de protección social y de apoyo a las minorías, que funcionaba desde hacía varios decenios, y de imponer también al conjunto de la sociedad estadounidense los valores religiosos más conservadores. La fundación Heritage, bastión de esta estrategia, hablaba de una segunda revolución en el país, de «independencia cultural» cuyo objetivo era socavar y destruir la sociedad multicultural existente en Estados Unidos.

En el ámbito exterior, el objetivo era servirse de todo el poderío estadounidense y, en especial, de su fuerza militar para recomponer un paisaje geopolítico nuevo en el que Washington pondría las reglas del juego. «Debemos hacer cualquier cosa para impedir que un país o un bloque regional pueda algún día presentarse como un rival para Estados Unidos», habían escrito y declarado los halcones que ocupan hoy cargos públicos, en torno a George W. Bush.

Poco antes de abandonar el poder, en un discurso pronunciado en enero de 1961 y que se hizo célebre, Eisenhower había hablado de la existencia de un «complejo militar-industrial» que ponía en grave peligro a la democracia estadounidense. Esa omnipotencia conjugada del Pentágono y de las industrias de armamento preocupaba al antiguo jefe militar.

El peso de ese *lobby* y la amenaza que representaba fueron evocados con frecuencia durante los decenios que siguieron. Pero, parafraseando a Lenin, quien consideraba poco antes de su muerte, en 1924, que «las compañías multinacionales habían tomado el control del planeta», podía observarse que ese «complejo militar-industrial» había llegado a su apogeo tomando el control de la administración Bush. En efecto, los hombres que elaboraban y ponían en práctica la política de defensa y que diseñaban también los nuevos perfiles de la política exterior estadounidense mantenían «vínculos incestuosos», según decía un observador, pero también fructíferos, con el mundo del armamento y sus principales empresas. Más adelante ampliaremos los detalles.

El periodista Bob Woodward, que se reunió con el jefe del ejecutivo de Estados Unidos en agosto de 2002 en su rancho de Crawford, escribió:

Bush dice que un presidente debe librar a diario muchas batallas tácticas sobre los presupuestos y las resoluciones del Congreso, pero considera que su trabajo y sus responsabilidades son mucho más sencillos. Su padre se había burlado regularmente de la «noción de visión», por no servir de ayuda alguna.

Por consiguiente, me sorprendió mucho más que el Bush más joven dijese: «La tarea es... la visión importa.» Es otra lección que aprendí. Su visión incluye una reorganización ambiciosa del mundo por medio de las acciones —unilaterales, si es necesario— para reducir el sufrimiento y lograr la paz.

Durante la entrevista el presidente de Estados Unidos evocó una docena de veces «sus instintos» o «sus reacciones instintivas», hasta declarar: «No soy alguien que actúe con los libros; actúo con mis tripas.» Está claro que el papel de Bush como político, presidente, y comandante en jefe está regido por una fe secular en su instinto, sus conclusiones y sus juicios naturales y espontáneos. Su instinto es prácticamente su segunda religión.

El retrato psicológico que esbozó Woodward es interesante, pero muy incompleto.

Bush no lee, es cierto. Durante muchos meses su único libro de cabecera fue una biografía de Sam Houston, uno de los fundadores de Tejas con el que le gusta identificarse. Sin embargo, la primera obra que leyera de principio a fin, línea a línea y con una atención sostenida, cambió radicalmente su personalidad y su percepción del mundo. Se trataba de la Biblia, y él tenía casi cuarenta años.

Casado desde 1977, se había unido a la Iglesia metodista de la que su mujer, Laura, era miembro. Personaje sin historia y sin relieve durante el día, considerado por todos —según la definición de un íntimo— «sólo como el hijo de su padre», se entregaba por las noches al alcohol. Con el paso de los años su esposa se mostraba cada vez más exasperada por esta pérdida del rumbo de Bush.

En 1985, cuando tenía treinta y nueve años, Bush, quien, por otra parte, acumulaba fracasos profesionales, estaba sumido en una profunda crisis.

Howard Fineman cuenta, en una entrevista publicada en *Newsweek* con el título de «Bush y Dios», cómo el futuro presidente salió de aquel marasmo gracias a uno de sus amigos íntimos, Bob Evans, que es hoy su secretario de Comercio.

Por aquel entonces, Evans estaba atravesando también graves dificultades personales y profesionales y se había unido a un «grupo de estudio de la Biblia». Este programa, denominado «Community Bible Study», preveía el estudio intensivo de uno de los libros del Nuevo Testamento durante todo un año. Se abordaba un nuevo capítulo cada semana, y era objeto de una relectura detallada a la que seguía una discusión en el seno de un grupo de diez personas. Evans había convencido a George W. Bush de que se uniera a él y, durante dos años, ambos amigos se sumergieron en el Evangelio según san Lucas, estudiaron la conversión de Pablo en el camino de Damasco y la fundación de la Iglesia cristiana. Según Howard Fineman:

> Bush, que sentía poca afición por la abstracción pero una verdadera curiosidad por los individuos, reaccionó con mucho interés ante el relato de la conversión de san Pablo. Le gustaba la idea de conocer, de descubrir a Jesús percibido y presentado como un amigo.
>
> Este programa supuso un verdadero giro para el futuro presidente. En varios ámbitos. Le proporcionó, por primera vez, un centro de interés intelectual... En este sentido, Bush es el producto del Bible Belt

[literalmente «cinturón de la Biblia», término que caracteriza a los estados profundamente conservadores y religiosos del sur de Estados Unidos, donde los creyentes profesan un respeto literal a la Biblia], mientras que algunos de sus amigos habían estudiado ya en profundidad otros campos. Adepto al *jogging* y a la maratón, Bush encontraba también en el estudio de la Biblia el equivalente mental y la disciplina espiritual que necesitaba para afrontar lo que seguía siendo el principal desafío de su vida en aquella época: dejar el alcohol.

Bush declara que nunca se había considerado, realmente, un verdadero alcohólico y que nunca participó en una reunión de Alcohólicos Anónimos. Pero el programa (Community Bible Study), calificado desde entonces de «pequeño grupo» del movimiento de la fe, descansaba en la autodisciplina, el hecho de contar con uno mismo, la terapia de grupo (aunque a Bush esta fórmula le pareciera «horrible») y la adoración religiosa. Sea como fuere, resultó eficaz. Como todo el mundo sabe, Bush dejo de beber durante el verano de 1986, después de que Evans y él hubieran celebrado su cuadragésimo cumpleaños. «Fue adiós Jack Daniels, hola Jesús», recuerda uno de los amigos que los conoció por aquel entonces.

Durante un pequeño almuerzo de plegaria, unos meses después de su elección, Bush confesó: «La fe me sostuvo en momentos de éxito y de decepción. Sin ella, sería una persona distinta. Sin ella, sin duda, hoy no estaría aquí.»

## «Nuevo nacimiento»

«El presidente debe velar por la gestión de los asuntos del Estado y dejar los del alma de la nación en manos de los dirigentes religiosos», repuso Bob Raston, portavoz de una asociación que se consagra al respeto constitucional de la separación entre la Iglesia y el Estado. Esta respuesta pone de relieve el problema, infinitamente grave y preocupante, que afronta hoy Estados Unidos. Para George W. Bush, como escribe un editorialista de *Newsweek*, «Dios no es neutral». La religión impregna sus ideas, sus actos, su visión del mundo. Ideas tajantes, una aproximación maniquea a los problemas, resumidos en esta sentencia que pronunció tras los atentados del 11 de Septiembre de 2001: «Quienes no están con nosotros, están contra nosotros.»

Tras su «nuevo nacimiento» (una experiencia espiritual de redescubrimiento de Dios que numerosos estadounidenses —un ciudadano de cada cuatro— afirman haber vivido), que se produjo en 1986, Bush encontró un año más tarde el marco que le permitió mezclar de manera eficaz convicciones religiosas y ambiciones políticas. En 1987 se unió en Washington al equipo que preparaba la elección presidencial de su padre. Se encargó, y evidentemente no fue un azar, de las relaciones con el conjunto de los movimientos y organizaciones de la derecha religiosa. En especial, la Coalición Cristiana, creada por Pat Robertson, un evangelista mediático de tono untuoso y palabras intransigentes, cuya fortuna personal se estima en 150 millones de dólares.

«Su padre, por su parte, no se sentía cómodo con esos tipos —recuerda Douglas Wead, uno de sus colaboradores—, mientras que el hijo sabía con toda exactitud qué debía decirles, cómo actuar con ellos. Caminaban al mismo paso.» Durante toda la campaña, George W. Bush multiplicó las iniciativas para tratar de insertar el máximo de citas bíblicas en los discursos electorales que tenía que pronunciar su padre. Sus resultados fueron mediocres.


Cuando, en 1993, decidió presentarse para el cargo de gobernador de Tejas, su madre se mostró escéptica, pues consideraba que su otro hijo, Jeb, era mejor candidato para el cargo en Florida. Un año antes, a su padre lo había vencido Bill Clinton, y George W. había analizado ampliamente las razones electorales de aquella derrota, en compañía de su «gurú político» Karl Rove, que hoy le acompaña en la Casa Blanca.

El presidente saliente había fracasado en buena medida porque le habían faltado los votos conservadores religiosos. «Una fuerza que en absoluto podemos obviar —estimaba Rove—, pues representa casi 18 millones de electores. Con esa gente no se anda uno por las ramas, —añadía— y quieren que usted sea como ellos.» Una identificación imposible, evidentemente, con Bush padre, de tono mesurado y distante, y cuyas maneras eran de patricio de la Costa Este. Además, para los cristianos extremistas, había cometido una falta imperdonable: presionar a Israel, obligando al primer ministro de la época, Yitsjak Shamir, a sentarse, en 1991, a la mesa de negociaciones durante la Conferencia de Madrid. En efecto, esos activistas cristianos adoptaban las posiciones más intransigentes de la derecha israelí: una alianza profundamente extraña y ambigua cuyos génesis y móviles detallaremos más adelante.

La sentencia de Rove: «Con esa gente no se anda uno

por las ramas y quieren que usted sea como ellos», le sentaba a George W. Bush como un guante. En 1993, cuando se preparaba para entrar en liza por el puesto de gobernador, concedió una entrevista a un periodista de Austin y le dijo: «Sólo los que creen en Jesús irán al paraíso.» La observación era teológicamente discutible y el periodista que la plasmó por escrito era judío. En la prensa local y regional, varios editorialistas se indignaron, pero Karl Rove estaba muy satisfecho: la torpe frase de su candidato constituía el mejor conjuro para llegar al corazón y a los votos del electorado cristiano conservador, sobre todo en las zonas rurales del estado de Tejas. Durante toda su campaña, Bush utilizó a los pastores como portavoces y como agentes electorales. Llegaban a todos los sectores de la población y le ofrecían sondeos instantáneos y fiables sobre el estado de ánimo de los futuros votantes, sus deseos y sus aversiones.

Inmediatamente después de su victoria, reconoció: «No me habría convertido en gobernador si no creyera en un plan divino que sustituye todos los planes humanos.»


## «ERES COMO MOISÉS»

«Es una fe profundamente personal y extraña», opinan los periodistas Lou Dubose y Molly Ivins, que han investigado mucho sobre el actual presidente. Puede afirmarse que Bush cree realmente estar investido de una misión divina.

Durante sus dos primeros mandatos como gobernador, mezclando convicciones religiosas con una juiciosa utilización de los medios de comunicación, apareció con regularidad en los shows televisivos de varios predicadores. Admiraba mucho a uno de ellos, James Dobson, que animaba un grupo de ultraderecha religiosa, Focus on the Family (Centrado en la familia), y también a James Robinson, un evangelista mediático tejano de Fort Worth. Cuando fue reelegido gobernador, en 1998, Bush invitó a Robinson a tomar la palabra durante el «pequeño almuerzo de plegaria» que marcaba la ceremonia de inauguración. Ante el futuro presidente, en profundo recogimiento, Robinson refirió a la concurrencia contó con todo detalle la larga conversación que había mantenido con Dios mientras circulaba por la autopista entre Arlington y Dallas.

En los inicios de 1999, George W. Bush comenzó a acariciar la idea de presentarse a la presidencia. Habló primero con su madre, Barbara, y poco después acudieron juntos a la iglesia para asistir al oficio. El sermón, aquel día, se refería a las dudas de Moisés sobre sus cualidades de líder. Barbara dijo a su hijo: «Eres como la figura de Moisés.» De regreso a casa, preguntaron su opinión al pastor Billy Graham. Amigo personal de los Bush, Graham, el más célebre predicador de Estados Unidos, era el confidente, el consejero espiritual de numerosos presidentes estadounidenses. Las cintas magnetofónicas en las que Richard Nixon hacía grabar, ilegalmente, todas sus conversaciones habían revelado, por lo demás, frases muy edificantes. Discutiendo con el presidente en el despacho oval, Graham había hecho alusión, en concreto, al «dominio de los judíos sobre los medios de comunicación estadounidenses».

Graham tranquilizó ampliamente a Bush hijo respecto de sus capacidades. Unas semanas más tarde el gobernador de Tejas reunió en su residencia a los principales pastores y dirigentes de la derecha cristiana, y les dijo:

«He sido llamado a perseguir las más altas funciones.» Howard Fineman describe cómo actuó: «Los demás candidatos intentaban seducir a estos grupos manifestando una estricta sumisión a sus posiciones en cuestiones como el aborto o los derechos de los homosexuales. Bush, en cambio, habló sólo de su fe, y las gentes le creyeron y confiaron en él. Era una especie de genio. Lógicamente, el hijo de George Bush sólo podía ser, para muchos electores laicos, un moderado. De pronto, el fardo de su padre se convertía en un regalo: Bush hijo podía llegar a los cimientos y hacerlos suyos sin ser una amenaza para el resto del edificio.»

«Era y sigue siendo uno de los nuestros», reconoció Charles Colson, uno de sus más fieles apoyos entre esa ultraderecha cristiana. A buen seguro, a Bush y a la sagacidad de su consejero Karl Rove tampoco se les escapó otro fenómeno electoral decisivo: desde 1985 los estados del Sur, profundamente conservadores y religiosos, no dejaban de reforzar su influencia en el partido republicano.


David Frum, redactor de los discursos de Bush, fue el artífice de unas efectistas palabras del presidente en una reunión en el despacho oval de la Casa Blanca. Dirigiéndose a los representantes de las principales congregaciones protestantes, Bush les confió: «Ya sabéis que tuve un problema con el alcohol. En estos momentos debería estar en un bar de Tejas en vez de encontrarme en el despacho oval. Sólo hay una razón por la que estoy en el despacho oval y no en un bar: he hallado la fe. He encontrado a Dios. Estoy aquí a causa del poder de la oración.»

Una confesión que el escritor Norman Mailer comentó con inquieta ironía: «Ésta es una observación peligrosa. Como Kierkegaard fue el primero en sugerir, nunca podemos saber con certeza a quién irán nuestras plegarias, ni de quién recibiremos las respuestas. En el momento en que creamos estar más cerca de Dios, tal vez estemos ayudando al diablo.»

Una frase que, probablemente, el equipo de Bush no está dispuesto a oír ni a admitir. Para David Frum, «Bush procede y habla de una cultura muy distinta de la del individualista Ronald Reagan. Su cultura es la del evangelismo moderno. Para comprender la Casa Blanca de Bush debe comprenderse el predominio de esta creencia». Cita las palabras que le dirigió una mañana el presidente de Estados Unidos cuando él llegaba a la Casa Blanca para trabajar a su lado: «No le he visto a usted en el estudio de la Biblia.»

Reina un extraño clima en el corazón del ejecutivo de Estados Unidos: la mujer del secretario general de la Presidencia, Andrew Card, es ministro del culto metodista; el padre de Condoleeza Rice, consejera de Seguridad Nacional, es predicador en Alabama; Michael Geerson, que dirige el grupo que escribe los discursos presidenciales, es, por su parte, un diplomado por el Wheaton College de Illinois, apodado el «Harvard evangélico». Este hombre asume las profecías de la ultraderecha cristiana que cree en un inminente apocalipsis, en el regreso del anticristo y en la aparición consiguiente de un nuevo Mesías.

Todo el personal de la Casa Blanca participa a diario en grupos de estudio de la Biblia. La Presidencia se parece ahora a una gran sala de oración donde, entre dos lecturas colectivas del Antiguo o del Nuevo Testamento, los hombres allí empleados administran los asuntos de Estados Unidos y del mundo.

Tras los acontecimientos del 11 de Septiembre, el tono religioso de las intervenciones presidenciales se exacerbó. Bush había sacado la palabra «mal» de la lectura de los salmos y la empleaba con mucha frecuencia en sus discursos. Para él, Ossama bin Laden y su grupo encarnaban el «mal». En noviembre de 2001, en una entrevista para *Newsweek*, declaró por primera vez que Saddam Hussein —también él— era el «mal». «El eje del mal», para calificar Irak, Irán y Corea del Norte, no fue una fórmula surgida por casualidad. Para definir a estos tres países, David Frum había creado el término «el eje del odio» *(hatred)*. Su superior, Michael Geerson, cuenta Frum, «intentaba utilizar el lenguaje teológico que Bush empleaba desde el 11 de Septiembre de 2001», y de este modo, en sus escritos, «el eje del odio» se convirtió en «el eje del mal».

El historiador Paul S. Boyer, profesor de historia en la Universidad de Wisconsin, analizó el discurso sobre el estado de la Unión en el que el presidente declaró, en concreto, que Saddam Hussein podía «desencadenar un día de horror como nadie lo habrá conocido nunca». Al expresarse así, según el profesor Boyer, «el presidente utilizaba el recuerdo del 11 de Septiembre, con un vocabulario apocalíptico antiguo y poderosamente evocador que, para millones de creyentes en las profecías cristianas, contenía un mensaje específico e impresionante que anunciaba un final que se acercaba, no sólo el de Saddam Hussein, sino también el de la historia humana tal como la conocemos hasta hoy».

A Bush le gusta confesar que su fe carece de complejos. Desde hace poco se añade a ello un elemento «fatalista» según David Frum, quien afirma: «Tenéis que hacerlo lo mejor posible y aceptar que todo está en manos de Dios. Si confiáis en el hecho de que existe un Dios que dirige el mundo, entonces actuáis del mejor modo y las cosas funcionan.»

Estas palabras confirman el análisis de Chip Bertlet, experto en movimientos religiosos ultraconservadores. Según él: «Bush está muy cerca del pensamiento mesiánico y apocalíptico de los militantes cristianos evangélicos. Parece compartir su visión del mundo, según la cual se libra un gigantesco combate entre el bien y el mal, que culminará en una confrontación final. Las personas adeptas a este tipo de creencia asumen a menudo riesgos inadecuados y terribles porque consideran que todo depende de la voluntad de Dios.»

## 2

Todo comenzó en 1971. Las críticas a la guerra de Vietnam no dejaban de aumentar, y Richard Nixon parecía comprometido en un enfrentamiento directo con todo un sector del pueblo de Estados Unidos. El último choque fue la difusión, precisamente en 1971, de los «documentos del Pentágono», que contenían una serie de revelaciones sobre los entresijos de la guerra que se libraba en el sudeste asiático. Compilados por un equipo que dirigía el secretario de Defensa, Robert MacNamara, ponían de relieve las graves disparidades existentes entre objetivos supuestos y objetivos reales. Estos documentos los había sustraído un alto funcionario del Pentágono, Daniel Ellsberg, y a pesar de las fuertes presiones de la Casa Blanca, el poderoso diario *New York Times*, tras la opinión favorable de sus consejeros jurídicos, decidió asumir su publicación. El impacto fue considerable. La angustia del presidente de Estados Unidos llegó al paroxismo cuando supo que una copia del voluminoso expediente se había enviado a la embajada de la URSS en Washington.

Aquel mismo año, la Cámara Nacional de Comercio

hizo circular un memorándum destinado a los dirigentes del mundo de los negocios, que había redactado Lewis Powell, futuro juez del Tribunal Supremo. Ese texto iba a marcar profundamente los espíritus y a dejar una huella considerable.

En concreto, Powell estimaba que «el sistema económico de libre empresa está sometido a violentos ataques que parten de los comunistas, izquierdistas y demás revolucionarios, cuyo objetivo es destruirlo por completo, tanto en el ámbito económico como en el político». Según Powell, quienes dirigían la ofensiva eran «los estudiantes en los campus, los profesores de universidad, el mundo de los medios de comunicación, los intelectuales y los periódicos literarios, los artistas, los científicos y también los políticos».

El memorándum de Powell no se limitaba a esta advertencia. Era también un análisis ofensivo que impresionó profundamente a los responsables conservadores, porque esbozaba la estrategia que debía adoptarse no sólo para reconquistar el poder y la influencia perdidos, sino también para establecer una hegemonía duradera en la política y la sociedad de Estados Unidos. Para él, el mundo de los negocios tenía que combatir y resolver esta amenaza, procedente de la izquierda y de la extrema izquierda, centrando sus esfuerzos en «la creación de organizaciones cuyos objetivos y ejecución estén cuidadosamente planificados con una coherencia de acción que debe extenderse por un periodo indefinido de varios años, apoyados por importantes medios financieros que supondrán un esfuerzo conjunto». Para Powell, influir en el «poder político exigía acciones unidas y coordinadas, y organizaciones presentes en el ámbito nacional».

Sugería también que estas organizaciones empleasen investigadores, publicasen periódicos, escribiesen libros, artículos y panfletos, y se comprometiesen en un esfuerzo a largo plazo para corregir y contrarrestar el profundo desequilibrio que surgía de los campus universitarios. Preconizaba, por fin, «ejercer una vigilancia constante sobre los programas televisivos y los libros publicados» y consideraba que esta vigilancia debía aplicarse también al sistema judicial. Las palabras de Lewis Powell constituían una verdadera declaración de guerra a la contracultura que ocupaba el proscenio del escenario público y mediático, y a todas las ideas y pensamientos moderados.

Hombres inmensamente ricos y ultraconservadores quedaron fascinados por estas palabras. Impregnados precisamente de una verdadera «cultura de guerra», estaban dispuestos a entrar en conflicto contra ese Estados Unidos al que odiaban, «corroído», a su entender, «por la depravación y las ideas decadentes». Treinta años más tarde, durante la presidencia de George W. Bush, el mismo estado de ánimo cunde entre la ultraderecha de su país. Norman Mailer lo analiza con lucidez y brío:

Ésta es mi proposición —declara—. En la raíz del conservadurismo patriótico no hay locura, sino una lógica oculta. Desde el punto de vista de un cristiano militante, Estados Unidos se encuentra en una situación lamentable. Los medios de entretenimiento son disolutos. En todas las pantallas de televisión se muestran ombligos desnudos, abiertos como ojos de animales salvajes. Los niños han llegado al extremo de no saber leer, pero sí joder, ya lo creo. De modo que, para la Casa Blanca, si Estados Unidos debía convertirse en una máquina militar internacional lo bastante grande para superar todos los compromisos, una de las ventajas sería ver que la libertad sexual de Estados Unidos, todo ese jaleo con homosexuales, feministas, lesbianas y travestidos, se consideraría un lujo excesivo que debía guardarse en el armario.

Responsabilidad, patriotismo y abnegación serían, de nuevo, valores nacionales omnipresentes (con toda la hipocresía que los acompaña). Una vez nos hayamos convertido, en el siglo XXI, en la encarnación del antiguo Imperio romano, la reforma moral podrá regresar, a grandes zancadas, al escenario. El militar es, evidentemente, más puritano que los medios de entretenimiento... Al modo de ver de los patriotas, la guerra es ahora la mejor solución posible. ¡Combatid el mal, combatidlo hasta la muerte! Utilizad la palabra quince veces en cada discurso.

A comienzos de la década de 1970, esos ultraconservadores habrían soñado ya, probablemente, en un conflicto armado capaz de «regenerar» Estados Unidos, si no hubieran tenido ante los ojos el espectáculo de Vietnam. Ese fracaso político y militar sumía al país en una de las crisis morales más graves de su historia.

Decidieron llevar el enfrentamiento al ámbito interior y ganar renovando las mentalidades. Actuaron con decisión, método y perseverancia. Christopher De Muth, presidente del American Enterprise Institute, una de las principales fundaciones conservadoras, había declarado: «Las cosas requieren tiempo. Se necesitan por lo menos diez años para que unas nuevas ideas radicales emerjan de la oscuridad.»

Esa «larga marcha» iba a durar, en realidad, treinta años. En 2001, la ultraderecha podía saborear ya la magnitud de su victoria. Will Hutton lo advertía escribiendo en el *Observer*: «Los británicos y los demás europeos siguen sin comprender. Estados Unidos ha cambiado. Su centro de gravedad político se ha desplazado de sus dos costas liberales (la Este y la Oeste) hacia los estados del Sur y el Salvaje Oeste, donde son tan extraordinariamente conservadores que no desean vínculo alguno con el mundo exterior [...] Desde la década de 1960, los conservadores de Estados Unidos han librado una guerra al liberalismo con un celo casi leninista y ahora han capturado el Estado. Tienen la intención de que esta victoria les sea rentable.»


En 1973 George Bush era el embajador de Richard Nixon en las Naciones Unidas y nadie le auguraba un gran porvenir político. Ante el Consejo de Seguridad, defendía la política de Estados Unidos en Vietnam, mientras que, en el mismo momento, su hijo mayor George W. terminaba su formación militar en la Guardia Nacional de Tejas, el medio más seguro de evitar que lo enviasen al barro y a los arrozales. A veces, durante el fin de semana, se reunía con su padre en Nueva York, en la suite del hotel Waldorf Astoria reservada todo el año para el representante de Estados Unidos en las Naciones Unidas. Ignoraba sin duda alguna, y tal vez nunca lo ha sabido, que aquel mismo año marcaba el inicio de la ofensiva ultraconservadora cuyo triunfo absoluto culminaría, tres decenios más tarde, con su elección.

En efecto, en 1973 entró en liza Richard Scaife Mellon.
Ese hombre rubio con la mirada de un azul intenso y maneras reservadas, treintañero por aquel entonces, iba a
ganarse con el paso de los años el apodo de «padre financiero de la derecha estadounidense». Era hijo de Sarah
Mellon, la heredera del banquero multimillonario Andrew Mellon, considerado en vida como el hombre más
rico de Estados Unidos junto con John D. Rockefeller.
Cuando la madre de Richard Scaife Mellon murió, en
1965, dejaba una fortuna personal evaluada en más de
1.000 millones de dólares y tres fundaciones generosamente dotadas, que su hijo iba a convertir en instrumen-
tos de su acción.

La personalidad de Richard Scaife era compleja. Soli-
tario y reservado, tenía propiedades en todo el país, pero
vivía recluido en la inmensa mansión familiar de Pitts-
burgh donde había crecido, rodeado de un ejército de
criados. Rechazaba cualquier entrevista, cualquier contacto con la prensa, y muchos de los que se han beneficiado de su generosidad no lo conocerán nunca. De
una timidez enfermiza, más interesado en la influencia
que en la notoriedad, había hecho retirar su nombre
del *Who's Who* y mantenía relaciones difíciles con los
demás. «Podía —cuenta uno de sus colaboradores cercanos— portarse como el tipo más delicioso y el más
generoso; en cambio, si detestaba a alguien, no sólo lo
despedía, sino que hacía todo lo que tenía en su mano
para que nunca más pudiera encontrar trabajo en Pitts-
burgh.»

Pat Minarcin, antiguo jefe de redacción de la revista
*Pittsburgher* que Scaife Mellon financió, cuenta la breve

conversación que mantuvo con el millonario tras una reunión de trabajo. «Su poder —le preguntó— ¿es el poder del dinero?» Su interlocutor permaneció silencioso durante tres o cuatro segundos, mirándolo fijamente con dureza. «No estaba acostumbrado a que se dirigieran a él en este tono, luego me respondió con sequedad: "No pierdo el tiempo pensando en eso, pero cuanto más envejezco, más actúo y más obtengo."»

La acción filantrópica, deducible de impuestos, ha sido siempre la piedra angular del mundo económico y financiero de Estados Unidos, y de su capacidad para influir en el poder político. Al crear su fundación, John D. Rockefeller, por aquel entonces el hombre más rico del mundo, había contratado los servicios de Frederick Gates, responsable de la sociedad de educación baptista del país. El hombre de Dios repetía al fundador de la Standard Oil: «Su fortuna crece, aumenta como una avalancha; debe usted distribuir cada vez más a medida que va creciendo. Si no lo hace, les enterrará, a usted y a sus hijos.»

En la década de 1970, las dos fundaciones más generosamente dotadas de Estados Unidos, Ford y Rockefeller, se consideraban ciudadelas liberales de influencia limitada «porque distribuían demasiado poco dinero a demasiada gente», según el pertinente juicio de un responsable conservador.

Richard Scaife Mellon iba a adoptar, en cambio, la estrategia inversa. El heredero millonario, de quien su antiguo empleado dijo que tenía «la madurez emocional de un niño colérico de doce años que posee una fortuna insólita que le permite satisfacer todos sus caprichos y conseguir sus fines», se interesaba desde siempre por la política y las causas más conservadoras.

En 1964, había apoyado la candidatura a la presidencia de Barry Goldwater que representaba el ala derechista del partido republicano. El hiriente fracaso de Goldwater ante Lyndon Johnson lo dejó consternado. A continuación, aunque entregara un millón de dólares a Richard Nixon para su campaña de 1972 —en forma de 344 cheques distintos para evitar al máximo los impuestos—, se distanció de la política de los políticos.

## «GANAR LA BATALLA DE LAS IDEAS»

La fuerza de Scaife Mellon, su principal resorte psicológico, residía en no identificarse en modo alguno con la vieja clase dirigente conservadora. En su opinión, había que actuar influyendo e intimidando al mismo tiempo. Por medio de métodos nuevos.

Lo había seducido el texto de Lewis Powell y en 1973 llevó a las fuentes bautismales la fundación Heritage, creada aquel año para convertirse en el arma que permitiera, según Mellon, «ganar la batalla de las ideas». Le destinó 900.000 dólares.

Tres años más tarde, en 1976, entregó 420.000 dólares más a la organización, es decir, el 42 % del presupuesto total de la fundación estimado, por aquel entonces, en un millón de dólares. «Un apoyo esencial en un momento crítico de su existencia», reconoció Edwin J. Feulner Jr., el actual presidente de Heritage.

Mellon controlaba directamente tres fundaciones: la Sarah Foundation, cuyos activos se evaluaban en el año 1997 en 302 millones de dólares, la Allegheny Foundation, con unos activos de 39 millones de dólares, y la Carthage Foundation, dotada con 34 millones de dólares. Sus dos hijos, David y Jerry, dirigían un cuarto organismo, la Scaife Family Foundation, cuyos activos ascendían a 170 millones de dólares y que perseguía los objetivos designados por su padre. En treinta años, de 1967 a 1997, Richard Mellon habría gastado casi 600 millones de dólares para crear y mantener múltiples institutos y organizaciones ultraconservadoras, como el Hoover Institute de la Universidad de Standford, cuya responsable fue Coondoleeza Rice; el American Enterprise Institute, cuyos dos pilares actuales son el actual halcón Richard Perle y Linn Cheney, la mujer del vicepresidente de Estados Unidos; o también el Cato Institute, y una miríada de fundaciones que despliegan su actividad en los ámbitos social y jurídico, e incluso en el mundo del espionaje.

Pero con el paso de los años el orgullo de Scaife seguía siendo la Heritage Foundation, que albergaba, según las palabras de uno de sus vicepresidentes, Burton Yale Pines, «las tropas de choque de la revolución conservadora». Hombres con una visión ideológica de la sociedad de Estados Unidos. Para los dirigentes de Heritage cualquier medida progresista, desde el New Deal de Franklin Roosevelt, constituía un «atentado a los principios fundadores [de Estados Unidos] elaborados en el siglo XVIII».

Con el paso de los años, casi la mitad de su presupuesto se consagró al márketing de las ideas. Sus colaboradores redactaban artículos y estudios que abarcaban todos los ámbitos de la política de Estados Unidos: la amenaza comunista, la reducción de los programas sociales, el aumento del presupuesto militar, el lugar fundamental de la religión o la lucha contra los sindicatos.

Cualquier miembro del Congreso, en vísperas de un debate o una votación sobre una ley importante, podría encontrar en su mesa un informe de Heritage que analizaba el proyecto que iba a debatirse y proponía soluciones. Heritage proporcionaba estos estudios al Senado y a la Cámara de Representantes, así como a los medios de comunicación y al público. Había inventado, de acuerdo con la fórmula de un observador, «el informe para el maletín».

En opinión de Walter Mears, vicepresidente de Associated Press, «el movimiento conservador se convertía en una industria en alza» y Heritage, estando en el lugar adecuado y en el momento oportuno, «había provocado un cambio en la vida política y en los debates del Capitolio». Thomas Bry, director del *Detroit News* confirma esta tesis: «Uno de sus éxitos más brillantes se debía al hecho de que recibías su punto de vista, a la mañana siguiente, al abrir tu correo. Cada día había una publicación de Heritage. Su lectura podía llevarte, a veces, a captar las cosas desde un punto de vista que hasta entonces no se te había ocurrido.» Para un observador de la vida pública: «El moderno Washington se parece a un inmenso plató de rodaje donde nada se ha dejado al azar: cada aparición, cualquier declaración ha sido cuidadosamente concebida para provocar el máximo efecto político. El ingenio de Heritage consistió en captar esa realidad de la capital de Estados Unidos y utilizar sus medios financieros para imponer sus puntos de vista. Sobrestimando voluntariamente su importancia. Heritage es, en el fondo, semejante a una compañía de producción cinematográfica y se ha convertido en un actor clave al crear, a diario, el espectáculo. Es el Walt Disney de Washington, y el impacto de sus mensajes, tanto si se trata de la privatización de la Seguridad Social como del impuesto global, sólo puede aumentar.»

Desde el punto de vista de Scaife Mellon, para intentar destronar a la clase dirigente liberal había que cambiar el tono y la orientación de los medios de comunicación. Encerrado en su soledad, vivía con la obsesión y la certeza de que un peligro mortal amenazaba a la república estadounidense. Múltiples conspiraciones intentaban socavarla. Había reconocido que uno de sus héroes era John Edgar Hoover, el intocable director del FBI que, según un humorista «siempre había sospechado que el senador McCarthy (el hombre que puso en marcha la caza de brujas en la década de 1950) era en el fondo un agente comunista». Curiosamente para un hombre que creía en el poder de las ideas, Richard Scaife Mellon leía poco. Sin embargo, un libro le había influido mucho: era *El pincho*, del periodista Arnaud De Borchgrave, quien se convertiría en uno de sus amigos y en director del diario conservador *Washington Times*, financiado por la secta Moon. El *Times* iba a proporcionar un apoyo inquebrantable a Reagan y a la familia Bush. *El pincho* cuenta la historia de un joven periodista que se ve manipulado como un peón en una magistral conspiración urdida por la Unión Soviética para controlar el mundo.

## LAS CUATRO HERMANAS

El heredero Mellon no fue el único financiero que colaboró en el nacimiento de la Heritage Foundation.

William Coors, el magnate de la cerveza, había donado 250.000 dólares en el año 1973. Este grupo, creado en 1877 por Adolphe Coors en Colorado, seguía siendo una empresa familiar, famosa durante mucho tiempo por sus posiciones antisindicales, homófobas y antiminorías, y por su política discriminatoria con las mujeres. En 1978, la familia Coors había echado un pulso a los sindicatos al contratar a centenares de trabajadores no sindicados, a los que se unieron algunos no huelguistas, para luego, todos, votar la supresión del sindicato existente.

En 1984, William Coors tomó la palabra en Denver, Colorado, ante una reunión de hombres de negocios de Estados Unidos que representaban a varias minorías, entre los cuales había gran número de negros.

Sus palabras petrificaron a la concurrencia. «Una de las mejores cosas que [los mercaderes de esclavos] hicieron por vosotros fue traer encadenados a vuestros antepasados.» Prosiguió afirmando que la debilidad de la economía de Zimbabue se debía «a la falta de capacidad intelectual de los africanos». Ante los clamores de indignación que sus palabras provocaron, Coors afirmó que se habían sacado de contexto, y amenazó con denunciar al periódico que las había publicado, el *Rocky Mountain News*.

Para contrarrestar esa publicidad negativa y las amenazas de boicot procedentes de los grupos hispanos y afroamericanos, las empresas de Coors financiaron con millones de dólares a organizaciones que representaban a estas minorías.

Pero esa actitud engañosa no basta para enmascarar lo esencial. La Coors Foundation mantenía estrechas relaciones con las organizaciones ultraconservadoras, en especial con los dirigentes de la derecha cristiana. El líder de la mayoría moral, el pastor Jerry Falwell, se beneficiaba de la generosidad de Coors, al igual que Pat Robertson, el jefe de filas de la coalición cristiana, dos hombres muy cercanos hoy a George W. Bush. Coors apoya también a Bob Simond de la Asociación Nacional de los Ciudadanos Educadores Cristianos para la Excelencia en la Educación, que intenta restablecer «nuestra herencia cristiana en nuestras escuelas públicas». También ayudó a la Free Congress Foundation, conocida por sus posiciones de extrema derecha.

Curiosamente, durante los últimos años ha podido observarse una creciente discrepancia entre la firma Coors y su fundación. Ésta sigue siendo una importante fuente de financiación para la ultraderecha, mientras que la dirección de la compañía ha adoptado una actitud socialmente «progresista» con sus empleados gays y lesbianas. Pero, como observaba un analista, «este cambio tal vez se deba más a la voluntad de conquistar nuevos segmentos del mercado de la cerveza que a una verdadera evolución de las mentalidades».


Dos importantes fundaciones más completaron este dispositivo ultraconservador.

Por una parte, la Olin Foundation, con sede en Nueva York, que obtiene sus rentas de una empresa familiar que hizo su fortuna fabricando municiones y productos químicos. Naturalmente financió a Heritage, la American Enterprise y el Hoover Institute. La fundación subvencionó también a universitarios conservadores como Allan Bloom, quien recibió 3,6 millones de dólares para dirigir, en la Universidad de Chicago, el centro John M. Olin para la investigación sobre la teoría y práctica de la democracia.

Bloom, mundialmente conocido por un ensayo que habla de los efectos de la década de 1960 y el declive del mundo académico estadounidense, fue también profesor y padre espiritual de Paul Wolfowitz, el actual vicesecretario de Defensa y verdadero teórico de los halcones que ostentan hoy el poder en Washington. Irving Kristol, un antiguo militante trotskista, que se convirtió en un anticomunista feroz y en uno de los líderes de la derecha conservadora durante la administración Reagan, se benefició también de la generosidad de Olin. Recibió más de 380.000 dólares entre 1992 y 1994 como investigador de Olin en el American Enterprise Institute. En la actualidad, su hijo William Kristol es considerado uno de los pensadores más influyentes en el seno de la actual administración de Estados Unidos. Es también director de la revista neoconservadora *Weekly Standard*, que financia en su totalidad el magnate de la prensa Rupert Murdoch, próximo a la familia Bush.

William Simon, presidente de la fundación Olin y antiguo secretario de Economía de Richard Nixon, detalló sus esfuerzos para convencer al mundo de los negocios de que dejara de subvencionar programas universitarios con tendencias «de izquierdas». Para Simon, numerosos dirigentes de empresa «financian su propia destrucción». Y añade: «¿Por qué apoyar a instituciones e intelectuales que se encuentran a la izquierda y defienden exactamente lo contrario de lo que creen los hombres de negocios?»

La última de esas «cuatro hermanas» de la filantropía conservadora es la Lynde y Harry Bradley Foundation, cuyos activos superan los 420 millones de dólares.

Lynde y Harry Bradley hicieron su fortuna fabricando componentes de radio y electrónicos. Las ideas de extrema derecha de Harry le llevaron a convertirse en un miembro activo y financiero de la John Birch Society, una organización de extrema derecha anticomunista, homófoba y sexista, que defiende tesis sobre la superioridad del hombre blanco. Robert Welsh, quien fundó en 1958 este movimiento, participaba regularmente como «orador invitado» en las reuniones de los equipos de venta de la firma. La Coors Foundation también financió la John Birch Society.

Harry Bradley apoyaba igualmente a Fred Schwartz, fundador de la cruzada cristiana anticomunista. La compañía Allen Bradley, uno de los mayores empleadores de la ciudad de Milwaukee, fue una de las últimas en aceptar la integración racial, y sólo por los esfuerzos conjugados de las presiones públicas y jurídicas. En 1968, de un total de 7.000 empleados, sólo había en la compañía 32 negros y 14 latinos.

El poder financiero de la fundación se multiplicó en 1985, cuando la Allen Bradley adquirió una de las principales empresas de armamento, Rockwell International Corporation, un conglomerado que trabaja para el sector de la defensa y el ejército del aire.

Bradley Foundation subvenciona especialmente la National Empowerment Television (NET), la más potente arma de comunicación en manos de la ultraderecha. Coordinada y dirigida por Paul Weyrich, uno de los fundadores de Heritage y del Free Congress Foundation, NET puede recibirse por cable en millones de hogares y transmite una ideología cristiana extremista. NET proporciona tiempo de programación a decenas de organizaciones de ultraderecha, como la coalición cristiana o la Asociación Nacional del Rifle, que defiende el mantenimiento de la venta libre de armas de fuego.

Con el paso de los años, los «mensajes» de la ultraderecha fueron cuidadosamente orquestados y amplificados, a través de las organizaciones creadas, como un «movimiento de masas». La técnicas de márketing, de relaciones políticas y de gestión se ponían en práctica para repetir machaconamente esos mensajes hasta convertirse, para la mayoría de la opinión pública, en la «voz de la prudencia y de la evidencia». «El sistema de Seguridad Social ya no funciona» o «las escuelas públicas han fracasado»: otros tantos mensajes que penetraban en el espíritu del ciudadano a través de múltiples canales. Casos precisos, ejemplos concretos e individuales apoyaban estas demostraciones.

Esta orquestación descansaba sobre la técnica del «Mighty Wurlitzer», una formulación enigmática empleada por la CIA para calificar una propaganda incansablemente repetida y transmitida a través de numerosos canales, hasta que la opinión pública considera lo que oye como la verdad.

Según un estudio publicado por la organización People for the American Way, «el resultado de esta estrategia invisible en extremo es una amplificación extraordinaria de los puntos de vista de la derecha sobre una variedad de temas». Buen número de concepciones o ideas políticas que, desde hacía mucho tiempo, se habían desacreditado o desdeñado, por no corresponderse con la tendencia dominante, retornaron, de este modo, al centro de los debates.

La llegada al poder de Ronald Reagan, en 1980, supuso la primera gran victoria del movimiento ultraconservador... y de Heritage. La fundación proporcionó a la nueva administración los hombres y las ideas. Había elaborado, el mismo año de las elecciones, un «mandato para el liderazgo», en forma de tres mil páginas agrupadas en veinte volúmenes. El conjunto del futuro programa político de Reagan, calificado a continuación de «revolución conservadora», estaba contenido y se desarrollaba en estos textos. En ellos se abordaba tanto el proyecto de guerra de las galaxias como las masivas reducciones en los programas sociales. Se realizó una síntesis de 1.093 páginas, destinada al equipo de transición de Reagan, que preparaba la toma de posesión del nuevo presidente.

«Este texto —recuerda uno de sus redactores— se había convertido realmente en la referencia, una nueva biblia para toda aquella gente que estaba llegando al poder. Sacaban de allí ideas y, también, una visión clara de los objetivos que debían alcanzarse y de los métodos para conseguirlo.»

Edwin J. Feulner, presidente de Heritage, resumía algunos años antes la estrategia adoptada: «No sólo hacemos hincapié en la credibilidad, sino también en la eficacia de nuestros sistemas. La producción es una cosa, péro el márketing es igualmente importante.» Palabras que completó David Mason, uno de los vicepresidentes de la fundación: «Venimos con ideas, luego proporcionamos la investigación y el análisis a gente a la que consideramos la más apta para defender esas ideas en el ámbito de la política.»

Como decía el *Economist* veinte años más tarde: «Un buen número de esos institutos conservadores se habían desarrollado entre 1960 y 1970, mientras la creencia general era que los gastos gubernamentales permitían resolver numerosos problemas. Estos institutos habían reclutado un pequeño ejército de marginales apasionados, en su mayor parte procedentes del mundo universitario. Se sentían marginados en las facultades de izquierda. Incluso ahora, cuando ya son ricos y poderosos, subsiste en numerosos colaboradores de estos institutos algo que se parece a una rabia incurable.»

# 3

En diciembre de 2000, justo después de su polémica elección, George W. Bush recibió un memorándum de David Horowitz en el que éste le aconsejaba «conceder más importancia al capital intelectual y a la credibilidad moral que a las habilidades de gestión. La ajustada votación y la discutida decisión final hacen más importante aún la elección de los nombramientos que va a hacer, a causa de las presiones que se ejercerán sobre usted».

Horowitz, consejero oficioso del presidente de Estados Unidos, fue escuchado. Su andadura ilustra de un modo fascinante y caricaturesco los compromisos traicionados de la década de 1960, la adhesión a las tesis más conservadoras, los vínculos con los mecenas filántropos de la ultraderecha, como Scaife Mellon o la fundación Bradley. Revela un estado de ánimo belicoso, propio de estos ideólogos a quienes movía una verdadera lógica de guerra civil, progresista y liberal, contra el país, que ellos consideran un adversario irrecuperable.

Noam Chomsky, viejo mascarón de proa del izquierdismo de Estados Unidos, destacado lingüista pero pensador discutible, declaró respecto de Horowitz, quien multiplicaba los ataques contra él: «Yo no lo leía ya cuando él era estalinista, no voy a empezar a leerlo ahora.» En 1959, a los veinte años de edad, Horowitz, en las escaleras de la Universidad de Berkeley, toma la defensa de un joven objetor de conciencia que se manifiesta contra la guerra y contra los *lobbies* militares. En 1962, figura emblemática del movimiento estudiantil que se manifiesta violentamente contra la policía, publica un primer libro, *Student*, del que se vendieron 25.000 ejemplares. *Student*, panfleto contra el conformismo y el tedio de la década de 1950, empieza con una frase tomada del cineasta Ingmar Bergman: «He rezado sólo una oración en mi vida: Dios mío, utilízame.»

También en 1962, Horowitz acompaña a su familia a Londres, donde permanecerá seis años. David Horowitz se acerca mucho a la Fundación Bertrand Russell para la Paz, que los especialistas consideran instrumentalizada por la propaganda soviética, y también a Isaac Deutscher, autor de una monumental biografía de Trotski. Por aquel entonces, los escritos, numerosos, de Horowitz pretenden «reconstruir una teoría socialista después de Stalin».

«EL DESENCANTO DE UN RADICAL»

En 1968, ya de regreso en California, en plena ebullición estudiantil, toma la dirección de la revista *Ramparts* que se convierte en una de las publicaciones emblemáticas de la nueva izquierda. En 1974, David Horowitz hace de guía para Jean Genet, llegado a San Francisco para apoyar la causa de los Panteras Negras. Ambos se entrevistan en Oakland, al otro lado de la bahía de San

Francisco, con el líder del movimiento, Huey Newton, quien acaba de regresar de China. La visita da lugar a una apasionada conversación entre Newton y Horowitz sobre las virtudes revolucionarias del maoísmo. El país está sumido por esas fechas en la sangrienta Revolución Cultural.

Horowitz se marcha subyugado por el líder negro, sin sospechar que es peligroso y está desequilibrado. Abusa de la cocaína y, en julio de 1974, asesina a una joven prostituta antes de huir a Cuba, donde Fidel Castro le ofrece encantado asilo político. Para Horowitz supone una profunda conmoción, a la que sigue, cinco meses después, un nuevo drama. El sucesor de Newton a la cabeza de los Panteras Negras le pide que recomiende a una persona capaz de reorganizar y supervisar las finanzas del movimiento. Su elección recae en una colaboradora de *Ramparts*, Betty van Patter, de cuarenta y dos años de edad. El 13 de diciembre de 1974, su cadáver aparece en la bahía de San Francisco, con una violenta herida en la cabeza.

«El caso Van Patter —según un observador— iba a atormentar a la bahía de San Francisco durante decenios.» El crimen no se aclaró nunca, pero los investigadores sospechaban que Betty van Patter descubrió que los Panteras Negras se dedicaban al tráfico de drogas, a la extorsión y a la prostitución, por lo cual se convirtió en un testigo molesto.

Esta muerte sumió a Horowitz en una «depresión clínica. Durante un año entero desperté cada mañana derramando lágrimas». Probablemente el drama provocó una fractura psicológica. Poco a poco, Horowitz fue distanciándose del movimiento izquierdista del que había sido uno de sus líderes. En 1979 publicó en *The Nation* un largo artículo, titulado «El desencanto de un radical», en el que condenaba a sus compañeros por su indiferencia moral ante la represión y el genocidio que estaban llevándose a cabo en Vietnam y en la Camboya de los jemeres rojos.

La ruptura se consumó definitivamente cuando, en 1984, pidió la reelección de Ronald Reagan. Dos años más tarde, tomando la palabra en la Universidad de Berkeley, donde había dado sus primeros pasos en la política, espetó a su auditorio: «De hecho, estáis vinculados a las fuerzas más oscuras y más reaccionarias del mundo moderno, cuya herencia son unas atrocidades y una opresión a escala desconocida, hasta hoy, en la historia humana.»

En 1988, escribió los discursos de Bob Dole, el rival de George Bush en las primarias republicanas. Al año siguiente publicó un nuevo libro, *Destructive Generation: Second Thought About the 60's*. Luego creó el Centro para la Cultura Popular, sobre cuya cuna se inclinaron todas las hadas ultraconservadoras. El primer año, Scaife Mellon le donó 25.000 dólares; la Olin Foundation, 20.000 dólares, y la Bradley Foundation, 40.000 dólares. Contribuciones que no cesarían de aumentar durante los años siguientes, y que al final supondrían dos tercios del presupuesto anual. A comienzos del año 2000, el instituto de Horowitz había recibido más de 9 millones de dólares; 4,1 millones procedían de Richard Scaife Mellon; 3,6 millones, de Bradley, y 1,4 millones, de Olin. Aun haciéndose financiar por la ultraderecha cristiana, Horowitz mantiene desde hace muchos años relaciones con los neoconservadores judíos que en la actualidad ostentan el poder en Washington.

En su sitio web, Horowitz ataca a todos aquellos de los que sospecha que pertenecen a una «quinta columna», ya se trate de un profesor de universidad opuesto a la guerra o de un miembro del Congreso incómodo con la política de George W. Bush. En respuesta a un lector, declaraba: «Treinta estados musulmanes, treinta estados sin democracia. Hasta que todo el mundo musulmán abandone su herencia teocrática y aprenda la tolerancia, los judíos deberían estar armados hasta los dientes y comportarse con sus enemigos con mucha mayor dureza que hasta hoy. El miedo a los judíos es el único tipo de respeto que el mundo árabe les manifiesta.»

El vínculo de David Horowitz con los halcones se remonta a finales de 1987. Elliott Abrams, por aquel entonces ayudante del secretario de Estado, le propuso marcharse a Nicaragua para luchar contra el régimen sandinista. Horowitz permaneció casi un año en Managua, divulgando sus opiniones en la sala del restaurante del hotel Intercontinental a los sindicalistas, periodistas y oponentes políticos, deseosos de combatir el régimen vigente, procubano y prosoviético. Abrams fue apartado poco después del escenario político por su papel protagonista en el escándalo de la Contra (la financiación ilícita de los rebeldes antisandinistas por la administración de Estados Unidos, gracias, en parte, al dinero de Arabia Saudí).

Al configurar su administración, en 1988, Bush padre no lo tuvo en cuenta. Su hijo, en cambio, lo convirtió en el responsable de los asuntos de Oriente Próximo en el Consejo Nacional de Seguridad de la Casa Blanca. Un puesto clave para ese partidario de una línea dura con el mundo árabe y de una actitud intransigente del gobierno israelí con los palestinos. Abrams está muy vinculado a Richard Perle y a Paul Wolfowitz. Horowitz, a su lado, es uno de los pensadores de esta administración ultraconservadora.

Hablando de su propia andadura, el historiador Isaac Deutscher, antaño comunista, declara: «Es preciso seguir viendo el mundo en blanco y negro, pero ahora los colores se distribuyen de un modo distinto.» Estas palabras del director espiritual de Horowitz pueden aplicarse literalmente a su discípulo.

Poner en la picota y escribir frases infamantes sobre los adversarios, o los supuestos adversarios, es uno de los recursos de la acción de estos conservadores extremistas. Michael Joyce, presidente de la fundación Bradley, se felicita por la actitud de Horowitz: «Es alguien extremadamente lúcido y un combatiente decidido. Pone mucha energía y mucha potencia intelectual en su trabajo.» Y a veces algunas lamentables exageraciones. En 1996, atacó al periodista Steve Wasserman, a quien acababa de contratar *Los Angeles Times*. En una entrevista concedida a la revista *Buzz*, le acusó de haber pertenecido a un grupo de guerrilla urbana creado en Berkeley y llamado Familia Roja. En una larga carta Wasserman desmintió estas afirmaciones y Horowitz pareció dar marcha atrás. Sin embargo, un poco más tarde, en el periódico *Salon*, volvió a la carga, escribiendo sobre el grupúsculo izquierdista que «esperaba iniciar una guerra de liberación en Estados Unidos y del cual Wasserman era uno de sus peones».

En 1992, el periodista David Brock publicó un extenso artículo en el que cuestionaba la credibilidad de Anita Hill. Esa joven negra acusaba de acoso sexual a su superior, el juez conservador Clarence Thomas, del que se suponía que ocuparía un puesto en el Tribunal Supremo. El presidente de la Olin Foundation, William Simon, presidía por aquel entonces un comité de ciudadanos en apoyo de la candidatura del juez Thomas.

El artículo publicado en la revista conservadora *American Spectator*, totalmente financiada por Scaife Mellon, y las fundaciones Olin y Bradley, calificaba a Anita Hill de «algo chiflada y ligera de cascos». Los responsables de la Bradley Foundation pagaron a Brock para que escribiera un libro que se publicó con el título de *The Red Anita Hill: The Untold Story*. Todas las organizaciones ultraconservadoras se movilizaron para dar relieve al acontecimiento. El animador cristiano de la ultraderecha Russ Limbaugh leyó algunos extractos en su programa de radio, cuya audiencia superaba los dos millones de personas; el diario económico *Wall Street Journal* le consagró un editorial de una página entera, y el suplemento literario del *New York Times* lo trató con respeto y seriedad. El libro se convirtió en un éxito de ventas y el autor, David Brock, que desde entonces se ha distanciado de estos medios ultraconservadores, reconoce hoy que las acusaciones de Anita Hill tenían, sin duda, fundamento.


EL PROYECTO ARKANSAS

Brock describió a Scaife Mellon y a los demás grandes adinerados de la ofensiva conservadora como «un puñado de fanáticos riquísimos».

Desde que fue elegido presidente, en noviembre de 1992, Bill Clinton se convirtió en la obsesión de Mellon.

Encarnaba para él toda la amoralidad y el izquierdismo contrario a la guerra de la década de 1960. Más tarde, Mellon describió también al presidente de Estados Unidos como un «depredador sexual». Compraba todas las revistas, incluida la prensa amarilla más sórdida, que acusaban a Clinton de estar implicado en asuntos de droga o de tener hijos ilegítimos.

La misteriosa muerte de Vince Foster, consejero en la Casa Blanca y antiguo compañero de Hillary Clinton en el mismo bufete de abogados, avivó su obsesión por una conspiración. Por otra parte, más tarde declaró a John Kennedy Junior, quien dirigía la revista *George*: «Escúcheme, Clinton puede ordenar a la gente que se doblegue a su voluntad. Tiene todo el gobierno federal con él.» Y añadió: «Dios mío, puede haber 60 personas [vinculadas a Bill Clinton] que han muerto de manera misteriosa.»

Era delirante por demás, como lo fue el «proyecto Arkansas» que él financió en su totalidad.


Todo empezó hacia finales del año 1993, durante una jornada de pesca a bordo de un barco. Acompañaban a Scaife Mellon: David Henderson, activista conservador consejero de relaciones públicas, Steven Boynton, abogado de Washington, y su mano derecha, Richard Larry. Este antiguo marine de 63 años con puntos de vista ideológicos muy categóricos trabajaba para Mellon desde hacía treinta años. Detestaba a Clinton a tal punto que uno de sus íntimos refiere: «En cuanto se pronunciaba su nombre él se ponía enfermo.» Como su patrón, al que podía oírsele expresando su decisión de «¡echar a ese tipo de la Casa Blanca!».

Henderson y Boynton afirmaban tener contactos en Arkansas, el estado del que Clinton había sido gobernador, que permitirían desvelar la magnitud de los escándalos que rodeaban al presidente. En concreto, Henderson había conocido a David Hale, un abogado poco relevante de Little Rock que se convirtió en uno de los testigos de cargo contra Bill Clinton en el caso Whitewater, un programa inmobiliario que había acabado mal. Hale, acusado de fraude por la Small Business Association, fue en efecto una baza importante en la larga investigación que el fiscal independiente, ultraconservador, Kenneth Starr llevó a cabo contra el presidente. Un hombre que también se benefició ampliamente de las finanzas de Scaife Mellon. El millonario hizo que destinaran a Starr a la universidad conservadora de Pepperdine, cerca de Los Ángeles, un centro del que es mecenas.

En unas respuestas escritas que dirigió al *Washington Post*, que le solicitaba una entrevista, el millonario explicó su apoyo al proyecto por sus dudas sobre «la voluntad del *Washington Post* y de otros periódicos importantes de investigar por completo los molestos escándalos que procedían de la Casa Blanca de Clinton». Y añadió: «No soy el único que tiene la sensación de que la prensa manifiesta una inclinación favorable a las administraciones demócratas. Por eso proporcioné dinero a periodistas independientes que investigaban estos escándalos.»

La exigencia de rigor de la que Scaife Mellon alardeaba no se correspondía en absoluto con la realidad. El diario elegido para difundir las futuras «revelaciones», el *American Spectator*, era una publicación ultraconservadora con una tirada de 30.000 ejemplares. Mellon le había inyectado más de 3,3 millones de dólares. El periodista independiente no era otro que David Brock, el hombre que había redactado el panfleto contra Anita Hill. Por lo que a los investigadores se refiere, se limitaban a un ex policía del estado de Misisipí, convertido en detective privado, Rex Amistead.

El primer artículo que apareció incluía las declaraciones de algunos policías de Arkansas que explicaban que escoltaban al gobernador Clinton a citas galantes y clandestinas. El artículo mencionaba a una mujer «llamada Paula». Se trataba, claro está, de Paula Jones. Scaife Mellon gastó en total más de 2,4 millones de dólares intentando desacreditar a Clinton. Pero el asunto revelaba implicaciones sorprendentes. El investigador Rex Amistead, que recibió más de 350.000 dólares, se entrevistó varias veces con Hickman Ewing, el propio adjunto del fiscal Kenneth Starr. Ewing, un cristiano ultraconservador, «renacido» como George W. Bush, había convertido la caída de Clinton en un asunto personal. Al igual que su jefe.

Paula Jones, rodeada ya de excelentes abogados, había podido lanzar su famosa denuncia por acoso sexual contra Clinton gracias al dinero procedente de los circuitos de Scaife Mellon. Y el otro testigo de cargo del fiscal Starr, David Hale, también reconoció que se había beneficiado de la generosidad del millonario.

Las pruebas contra el presidente eran inexistentes, y los guiones esbozados, absolutamente surrealistas. El investigador Amistead afirmaba que Clinton no sólo consumía cocaína cuando era gobernador, sino que encubría una importante organización de tráfico de drogas procedente de Latinoamérica, cuyo centro de conexión era Mena, el principal aeropuerto de Arkansas. Richard Scaife Mellon se sintió tan descontento de los resultados que, en 1997, comunicó secamente al director del *American Spectator* que en adelante dejaba de ayudar financieramente a la revista.

Sin embargo, Clinton y lo que representaba, es decir, una generación del *baby-boom* moderadamente contestataria que había abrazado un mesurado reformismo, no dejaba de atizar el odio de los conservadores. El comportamiento de Timothy Flanigan es otra prueba de ello. El asunto había ocurrido en 1992, cuando Bush padre luchaba por la reelección. Su entorno, del que Flanigan formaba parte, intentaba desacreditar a su rival demócrata. Flanigan consiguió el pasaporte de Clinton cuando era estudiante en Oxford; trataba de encontrar en él las huellas de un viaje a Moscú, que permitiera insinuar que al futuro presidente tal vez lo había comprado o manipulado el KGB.

Flanigan es hoy consejero jurídico adjunto a la Casa Blanca y asesor del presidente Bush. Este padre de catorce hijos —que considera moderado a Kenneth Starr— es, claro está, un detractor encarnizado del aborto. La «sociedad federalista» de la que es miembro le ha donado 700.000 dólares para que escriba una biografía de un antiguo presidente del Tribunal Supremo.

El actual secretario de Energía, Spencer Abraham, fue uno de los creadores de esta sociedad ultraconservadora que desarrolla su actividad en el campo del derecho. Otro de sus miembros eminentes es el procurador general, Olson, que representó a Kenneth Starr y aconsejó a Paula Jones y a Monica Lewinsky. Cercano a Scaife Mellon, que financia también esta asociación, a él debemos una frase memorable: «Existen muchas situaciones en las que el gobierno tiene razones legítimas para proporcionar falsas informaciones.»

La jurista Hillary Clinton citó en concreto a Scaife Mellon como la figura principal de «una vasta conspiración de derechas hostil a mi marido desde el día en que anunció su intención de aspirar a la presidencia». James Carville, el consejero electoral de Clinton, calificó al millonario de Pittsburg de «padrino ultraconservador de una guerra poderosamente financiada contra el presidente».

La red de juristas, miembros de la Federalist Society, ya sean jueces, fiscales o abogados, libró durante los ocho años de la presidencia de Clinton una incesante guerrilla contra las decisiones tomadas por el gobierno, multiplicando por todo el país las acciones judiciales y frenando la aplicación de las medidas federales.

El objetivo era desviar la ley y el marco jurídico hacia una dirección mucho más conservadora, restrictiva y represiva. Pretendían ante todo, eliminar el sistema de protección social, el bilingüismo en la educación o la discriminación positiva (que prevé cuotas para las minorías).

Entre 1994 y 1996 Scaife Mellon entregaría 525.000 dólares a la asociación federalista, mediante sus dos fundaciones.

Dos organizaciones jurídicas conservadoras más habrían de beneficiarse también de la generosidad de Mellon. Landmark Legal Foundation recibió en 1973 375.000 dólares, y Judicial Watch, casi 500.000 dólares. Ésta presentó 18 denuncias contra la administración Clinton, mientras Landmark procuró poner trabas a las iniciativas del Departamento de Justicia, especialmente a sus deseos de investigar los poco ortodoxos métodos del fiscal Starr contra Bill Clinton.

La vigilancia y la obsesión por el rigor demostrados por estos juristas, no se manifestaron en absoluto en la discutida elección de George W. Bush, en noviembre de 2000. Cuando el recuento en el estado de Florida provocó una encendida polémica, el Tribunal Supremo federal, el 12 de diciembre, puso fin a un nuevo escrutinio de los votos y anuló una decisión del Tribunal Supremo de Florida. Esta intervención convirtió al candidato republicano en el vencedor de las elecciones.

Dos de los jueces conservadores que hicieron que la balanza se inclinara del lado de George W. Bush son miembros activos de la sociedad federalista. Se trata del juez Scalia, cuyo hijo, casualmente, ocuparía un cargo importante en la nueva administración, y de Clarence Thomas, el mismo al que Anita Hall había acusado de acoso sexual y al que salvó una campaña de prensa orquestada por los ultraconservadores. Se descubrió también que la mujer del juez Thomas trabajaba en la fundación Heritage y que participaba en un grupo de trabajo que preparaba los futuros nombramientos en el seno de la administración Bush; declaró que no veía conflicto de interés alguno entre su actividad y el papel crucial que desempeñó su marido durante las elecciones presidenciales.

## LA IZQUIERDA HA PERDIDO LA BATALLA DE LAS IDEAS

Ese empujón decisivo que dieron al candidato republicano y la magnitud de los ataques contra Bill Clinton no podían enmascarar, sin embargo, una realidad profunda: en el año 2000, la izquierda de Estados Unidos había perdido por completo la batalla de las ideas.

«Mientras el siglo termina —escribió Eric Alterman en *The Nation*— observen nuestro paisaje cultural y advertirán que ideas consideradas, antaño, ideológicamente revanchistas están en pleno florecimiento, auspiciadas por la derecha. Gran número de los más prometedores talentos intelectuales de la izquierda se han alejado del mundo real para vivir enclaustrados en los estrechos confines universitarios. La derecha, en cambio, ha llegado a la opinión pública, encadenando títulos de éxito. Autores como Allan Bloom, Jude Wanniski, Charles Murray, Marvin Ovalsky, Dinesh D'Souza, Francis Fukuyama y Samuel Huntington, por citar sólo algunos, escribieron, en el curso de los dos últimos decenios, libros que han transformado nuestro discurso político y cultural sobre temas capitales relacionados con nuestra idea de la organización de la sociedad. Pero el hecho más importante es que esa gente escribe libros destinados a un público amplio y recibe apoyo financiero de las organizaciones conservadoras que han comprendido la importancia fundamental de la batalla de las ideas.»

A finales de 1999 la fundación Bradley había financiado más de cuatrocientos libros en catorce años. «Tenemos la convicción —afirmaba su presidente, Michael Joyce— de que un buen número de los demás medios de comunicación se dejan influir por los libros, que son, para los autores, el medio más eficaz de desarrollar argumentos coherentes y sustanciales. Si intenta usted ejercer influencia en el mundo de las ideas, uno de los sectores donde debe invertir su dinero es en el de los libros.»

Esta vasta ofensiva ultraconservadora para trastornar el sistema social y las convicciones de la mayoría de la población dio un giro con la publicación, en 1984, de *Losing Ground: American Social Policy 1950-1980*. El autor, Charles Murray, constituye un caso de libro en términos de manipulación y de márketing: un desconocido cuyas teorías seudocientíficas pretendían hacer respetable el racismo iba a imponerse en los medios de comunicación y ante el público como uno de los más importantes pensadores contemporáneos.

Murray vivía en Iowa, era un autor del todo desconocido y su producción intelectual se limitaba a algunos panfletos que casi nunca llegaron a publicarse. Envió uno de ellos a la revista conservadora *National Interest*, cuyo director era Irving Kristol, el «gurú» de los neoconservadores. Seducido, Kristol ofreció a Murray hacer con él un libro y de inmediato le encontró financiación y un marco de trabajo en la Olin Foundation y el Manhattan Institute, otro instituto conservador. Esta última organización orquestó una sorprendente campaña para vender a Murray al público. Antes de que el libro apareciese se enviaron 700 ejemplares a periodistas, políticos y universitarios. Algunos expertos en relaciones públicas recibieron la consigna de hacer de aquel desconocido una celebridad. Ciertos periodistas cobraron entre 500 y 1.500 dólares cada uno por participar en un seminario en el que Murray expuso sus tesis.

Este gran manifiesto de la extrema derecha defendía la idea de que la pobreza no era el resultado de las crisis económicas, marcadas por los despidos y el cierre de empresas, ni de la discriminación racial o sexual, sino ante todo la consecuencia de fracasos personales. Murray afirmaba que la mayoría de los programas gubernamentales de lucha contra la pobreza estaban mal concebidos y debían suprimirse. Exigía, en concreto, que finalizaran los programas de ayuda a las madres solteras, así como «la ayuda a familias con hijos dependientes», los programas de ayuda a la vivienda y los bonos alimenticios.

«Hemos procurado ayudar cada vez más a los pobres —escribía Murray— y lo que hemos logrado ha sido que haya más y más pobres.»


Su advertencia llegaba en el mejor momento. En 1984 la administración Reagan llevaba a cabo una poderosa ofensiva para desmantelar todos esos programas de protección social, ese Estado de bienestar que los conservadores veían como una cultura que alentaba la pobreza.

El libro se convirtió en una obra de referencia, en un libro de cabecera y en un acontecimiento público, y ello también porque su aparición coincidía con un periodo en el que gran parte de la opinión pública de Estados Unidos cuestionaba sus certezas sobre el fundamento de los programas de ayuda gubernamentales, en concreto los destinados a los más desfavorecidos. Como ponía de relieve un observador de Washington, por aquel entonces, el «credo religioso y confesional de la administración Reagan con respecto a los más débiles se resumía en la fórmula: "Ayúdate y Dios te ayudará."»

*Losing Ground* había abierto una brecha, que el autor se esforzaría por ensanchar algunos años más tarde con la publicación, en 1994, de *The Bell Curve*, libro que escribió conjuntamente con el psicólogo de la Universidad de Harvard Richard Hernstein. El subtítulo del libro era: «Inteligencia y estructura de clases en la vida de Estados Unidos.»

De 1986 a 1991, la fundación Bradley pagaba a Charles Murray 90.000 dólares anuales, suma que llegó hasta los 113.000 dólares en 1991. El autor era también investigador en el *think tank* Manhattan Institute, uno de cuyos fundadores había sido William Casey, el director de la CIA con Ronald Reagan.

Murray estaba, pues, en el centro de un dispositivo ultraconservador que concebía sus trabajos como misiles disparados contra el estado federal y contra la clase dirigente liberal. *The Bell Curve* retomaba, haciendo hincapié en ellos, algunos argumentos del libro precedente, añadiendo las teorías genéticas del coautor, Hernstein. Según un artículo del *New York Times*, Hernstein predecía que «cuanto más meritocrática fuera una sociedad, más fácil sería que se reuniesen en la zona inferior de la escala social los individuos con un débil CI, casándose entre ellos y produciendo retoños con un bajo nivel intelectual».

Una de las tesis centrales pretendía que la inteligencia dependía de la raza. Para los autores, la pobreza no era el resultado de condiciones socioeconómicas o políticas, sino rasgos genéticos inferiores.

Murray y Hernstein proponían vastas reformas para erradicar la pobreza y la amenaza de una «subclase» cada vez más numerosa, eliminando todos los programas sociales y substituyéndolos por medidas coercitivas destinadas a modificar los comportamientos. No se trataba de hacer que las clases pobres fueran aptas para conseguir un trabajo y lograr su independencia, sino que se pretendía regular sus comportamientos, puesto que los autores los consideraban no aptos para dominar y dirigir su propia existencia.

La publicación de la obra suscitó múltiples controversias. Algunos expertos pusieron de relieve las lagunas, contradicciones y argumentos engañosos que jalonaban la tesis.

El Manhattan Institute, que había lanzado con éxito el anterior libro de Murray y lo empleaba como investigador, se distanció y se desvinculó de él ante la magnitud de las polémicas. En cambio, el resto de sus patrocinadores no tuvo los mismos escrúpulos. La fundación Bradley aumentó la suma que le concedía anualmente hasta los 163.000 dólares tras la publicación de *The Bell Curve* y el American Enterprise Institute de Washington se propuso acogerlo como consultor e investigador. Esta organización, creada en 1993 para combatir la política progresista del New Deal, impulsada por Franklin Roosevelt, se convertiría luego en una antena del mundo de los negocios, antes de que los inevitables filántropos ultraconservadores, como Scaife Mellon, lo ayudaran a desarrollarse aún más.

*The Bell Curve*, un éxito de escándalo, se benefició también de un amplio interés por parte del público. En la agenda de los ultraconservadores, esta aparición se producía en el mejor momento: permitía exacerbar los ataques contra la administración Clinton, a la que se acusaba de querer proteger, e incluso extender, los programas sociales y los derechos de los que se beneficiaban las minorías.

Michael Joyce, el presidente de la Bradley Foundation, llegó a afirmar: «A mi entender, Charles Murray es uno de los pensadores sociales más importantes del país», aunque algunos hubieran puesto de relieve que la mezcla de seudociencia y verdadero racismo se parecía extrañamente a los estudios que financiaba The Pioner Fund, una organización de inspiración de extrema derecha que llevaba a cabo investigaciones sobre eugenesia.

Las ideas de *The Bell Curve* se propagaban con temible eficacia. La raza, la defensa de la raza blanca, se convertía de un modo implícito en un caballo de batalla de los ultraconservadores. Gordon Lee Baum, presidente del Consejo de Ciudadanos Conservadores, muy cercano a los líderes de la derecha republicana, llegó a declarar: «Tengo la certeza personal de que existe una aplastante y casi unánime convicción por parte de los profesionales, es decir, de los investigadores, del mundo universitario, de admitir la existencia de una diferencia entre blancos y negros, por lo que se refiere a la inteligencia. Personalmente creo que *The Bell Curve* no está muy alejado de esta realidad.»

En una entrevista que concedió al *Washington Post*, Lee Baum daba una vuelta de tuerca más: «Nosotros, los blancos, representamos sólo el 9 % de la población mundial y nuestro país pronto tendrá una mayoría no blanca: ¿por qué los estadounidenses de origen europeo no van a sentirse preocupados por este genocidio? ¿Por qué es racista formular esta verdad?» Baum había calificado a Martin Luther King de «descreído depravado». Su movimiento postulaba el regreso a la segregación racial, el cierre de las fronteras a los emigrantes de color, y los ataques contra los matrimonios interraciales; algunos miembros incluso llegaban a apoyar al Ku Klux Klan. Este racismo populista se acompañaba de afirmaciones universitarias más sutiles pero igualmente peligrosas. Así, Ben Wattenberg, investigador en el American Enterprise, se preguntaba en el *New York Times Magazine* sobre este descenso de población: «Occidente ha sido siempre la fuerza motriz, el dirigente de la civilización que la ha empujado de manera inexorable hacia los valores democráticos. ¿Proseguirá esta tendencia cuando sólo somos ya el 11 % del conjunto de la población del planeta? ¿Acaso los países menos desarrollados se modernizarán asimilando los puntos de vista y los principios occidentales? Puede que el siglo XXI sea otro siglo americano. Puede que no.»

### EL «VIVERO» DE GEORGE BUSH

El American Enterprise Institute serviría de «vivero» a George W. Bush a la hora de constituir su administración. Los pilares de esta organización se llamaban Richard Perle, uno de los jefes de filas de los halcones, Irving Kristol, el principal ideólogo neoconservador, padre de William Kristol, director de la revista conservadora *Weekly Standard*, y también Lynn Cheney. La mujer del vicepresidente había calificado de «propaganda» la serie televisiva *Los africanos*, programada por la cadena pública PBS, porque describía los problemas históricos de África como una consecuencia de la explotación colonial de los europeos.

Lynn Cheney sostenía que semejantes programas no podían beneficiarse de financiación pública. También había apoyado efusivamente un artículo de Carol Iannone en la revista neoconservadora *Commentary*, en el que el autor afirmaba que conceder premios literarios tan prestigiosos como el Pulitzer o el National Book Award a escritoras como Toni Morrison o Alice Walker era sacrificar «los imperativos de la excelencia a la dictadura democrática de la mediocridad». Mientras trabaja en el AEI, Lynn Cheney ocupa un lugar en el consejo de administración de Lockheed Martin, la principal empresa armamentística.

En un libro escrito en 1995, titulado *To Tell the Truth*, Lynn Cheney la emprendía con el filósofo Michel Foucault, quien afirmaba que quienes detentan el poder moldean la verdad. «Las ideas de Foucault —decía Lynn Cheney— amenazan nada menos que la supervivencia de la civilización occidental.»


Otra de las «estrellas» del AEI es Dinesh D'Souza, que llegó a Estados Unidos en 1978 con una beca de estudios del Rotary. Tras ser redactor jefe de la *Dartmouth Review*, una revista conservadora que editaba el colegio del mismo nombre y financiaba la Olin Foundation, D'Souza dirigió la revista de la fundación Heritage, *Policy Review*, antes de convertirse en consejero político de la administración Reagan. Su primer libro, *Lliberal Education: The Politics of Race and Sex on Campus*, multiplicaba las anécdotas sobre los «horrores» de lo políticamente correcto y la discriminación positiva en el seno de las universidades. Ya en el AEI, publicó en 1997 *The End of Racism*. Su objetivo: los negros de Estados Unidos. Según el autor, deben dejar de utilizar la «excusa» del racismo institucional para disimular sus fracasos en lograr lo que los blancos y los asiáticos consiguen y admitir que son arrastrados por una «cultura de la pobreza», marcada por un alto porcentaje de delincuentes, de nacimientos ilegítimos y por una dependencia total del sistema de ayuda social y de los demás programas gubernamentales.

Las observaciones de D'Souza, criticadas por negros conservadores —algunos cercanos al AEI—, se acompañaron de afirmaciones radicales. «Necesitamos una estrategia a largo plazo en la que el gobierno se mantenga en una rigurosa neutralidad por lo que se refiere a los criterios raciales, y que al mismo tiempo se autorice a los particulares a actuar de modo discriminatorio si lo desean.» Según D'Souza «se autorizaría a los individuos y las empresas privadas a ejercer la discriminación en las transacciones privadas, tanto si se trata del alquiler de un apartamento como de la atribución de un empleo». Y para que sus objetivos fuesen claramente comprendidos y recibidos, D'Souza declaró: «¿Acaso pido la derogación de la ley sobre derechos civiles, votada en 1964? ¡Efectivamente!»

Los libros de Charles Murray y de Dinesh D'Souza forman parte de las lecturas preferidas de George W. Bush, si bien el pensador que más le sedujo y cuyas tesis se convirtieron en uno de sus temas favoritos durante la campaña presidencial de 2000 es Marvin Olasky, el autor de *The Tragedy of American Compassion*.

Su libro aboga por un desmantelamiento absoluto del sistema de protección social de Estados Unidos. Al convertirse en consejero de George W. Bush durante su campaña presidencial, Olasky forjó el concepto de «compasión conservadora», utilizado por el presidente. Considera que la pobreza se debe más a una ausencia de valores morales que a desigualdades sociales del sistema vigente. Olasky creó en Tejas, en la ciudad de Austin, una Iglesia que sostiene que las mujeres no tienen lugar ni papel que desempeñar como líderes (*no place in leadership*).

La trayectoria de Olasky es un verdadero diluvio de compromisos sucesivos: judío practicante, abandonó el judaísmo y luego el ateísmo para convertirse en miembro activo del partido comunista antes de adherirse al idealismo de izquierda de los años sesenta. Hoy, fundamentalista cristiano fanático, sigue siendo un hombre muy escuchado por el presidente de Estados Unidos, a quien siempre está dispuesto a defender, tal y como sucedió durante la campaña presidencial, cuando consideraba que los periodistas que criticaban a George W. Bush tenían «agujeros en sus almas».

# 4

En 1981 la administración Reagan-Bush, en el poder en Washington, estudió la creación de un gran diario conservador en la capital federal, que pudiera reflejar fielmente sus puntos de vista, su política, pero al mismo tiempo competir con el omnipresente *Washington Post*. Este bastión liberal, que adopta con demasiada frecuencia un rigor excesivo y una intransigencia periodística extrema, era sumamente molesto para la derecha.

Se recurrió a varios mecenas, pero todos declinaron la propuesta. Incluso Richard Scaife Mellon, a pesar de que vaciló mucho antes de rechazarla. Cierto es que el desafío era considerable. El *Post*, apoyado en un poderoso grupo editorial periodístico que incluye, en especial, la revista *Newsweek*, vende cada día más de 800.000 ejemplares en Washington y en el distrito de Columbia. Aquel que fuera lo bastante loco para aceptar el desafío debía estar dispuesto a perder mucho dinero, y durante mucho tiempo. Quien lanzó en 1982 el *Washington Times*, cuyas oficinas se instalaron en las afueras de Washington, no tenía, sin embargo, la reputación de ser loco... ni desinteresado.

Se trataba del reverendo Sun Myung Moon, fundador en la década de 1960 de la Iglesia de la Unificación, considerada una secta peligrosa. Gracias a sus innumerables declaraciones llegamos a saber que era el «nuevo Mesías», puesto que Cristo había fracasado en su misión, y que su objetivo era unificar el planeta reuniendo todas las fuerzas religiosas bajo su égida.

Durante la década de 1970 Moon y su Iglesia fueron objeto de una investigación sobre sus manejos, que llevó a cabo una comisión del Congreso dirigida por el representante demócrata Donald Fraser.

Moon se convirtió en residente permanente en Estados Unidos a partir de 1973, según los informes del Departamento de Justicia, y su principal colaborador, Bo Hi Park, un antiguo oficial de la CIA coreana, afirma que tenía una «Green Card».

La organización de su imperio, las múltiples sociedades que controlaba —sólo en Estados Unidos eran varias decenas—, así como sus fuentes y circuitos de financiación, estaban rodeados por el más absoluto secreto. Salvo para la CIA. Cuando Moon fue objeto de la investigación del Congreso, George Bush era director del servicio secreto. La CIA había formado los servicios secretos surcoreanos —bautizados, por cierto, KCIA—, conocidos por su temible eficacia contra los opositores coreanos en el extranjero. Varios de ellos habían sido secuestrados o ejecutados.

Bush y sus colaboradores más directos en el seno de la CIA consideraban a Corea del Sur como un «asunto delicado» para la seguridad nacional y veían al reverendo Moon como el eje de acciones clandestinas que llevaban a cabo conjuntamente la CIA y su homóloga coreana. El futuro presidente intervino personalmente ante los miembros del Congreso para que no profundizaran demasiado en sus investigaciones. Lo consiguió y Moon supo mostrar a George Bush su agradecimiento durante los veinticuatro años siguientes.

El «gurú» de la Iglesia de la Unificación siempre movilizó sus enormes recursos para favorecer las ambiciones políticas de la familia Bush. El padre y, luego, el hijo se beneficiaron de la misma generosidad. Pero el agradecimiento no era el único móvil de Moon. Gracias al *Washington Times*, penetraba en el corazón del poder político del país. Había gastado más de 100 millones de dólares en el lanzamiento de un diario que iba a convertirse en la lectura favorita de la clase dirigente conservadora de Washington. Ronald Reagan afirmaba que era su «diario preferido» y el vicepresidente Bush declaraba, por su parte, que el *Times* «aportaba razón y sentido común» a la capital federal. A pesar de estas palabras de elogio, las ventas no arrancaban y el *Washington Times* nunca fue un verdadero competidor para el *Post*. Este fracaso comercial obligaba a Moon a inyectar cada año varias decenas de millones de dólares para asegurar la supervivencia del órgano de prensa.

Moon había practicado esta política desde comienzos de la década de 1970. En 1978, una comisión de investigación del Congreso se había interesado por el escándalo del Koreagate, una estrategia de compra de influencia llevada a cabo entre el gobierno y los oficiales de Estados Unidos por la CIA surcoreana. En varias ocasiones se mencionaba que Moon estaba comprometido en la operación, acusación que él refutó.

El reverendo, sin embargo, se había expresado ante algunos de sus íntimos en términos desprovistos de cualquier ambigüedad: «Parte de nuestra estrategia en Estados Unidos debe conducirnos a tener amigos en el seno del FBI, de la CIA, de las fuerzas de policía, de la comunidad militar y del mundo de los negocios.» Así era. La CIA proporcionaba regularmente al *Washington Times* informaciones inéditas y, como contrapartida, el diario lanzaba violentas contraofensivas cuando se divulgaban informaciones molestas sobre un asunto delicado.

Durante el periodo 1985-1986, algunas revelaciones acusaban a los miembros de la Contra, la oposición armada antisandinista de Nicaragua apoyada por la administración Reagan-Bush, de dedicarse al tráfico de drogas. El *Times* fustigó a los periodistas y a los investigadores del Congreso que se hacían eco de estas acusaciones y las difundían. La réplica se llevó a cabo con tanta eficacia que acalló los rumores y consiguió convencer a la gran mayoría de la clase política de Washington de que las informaciones que vinculaban a los contras con la droga no sólo eran falsas, sino que además estaban manipuladas. Estos esfuerzos se vieron reducidos a la nada cuando, en 1988, el inspector general de la CIA reconoció que varias decenas de contras estaban implicados en el tráfico de cocaína. Añadió que Ronald Reagan, el vicepresidente Bush y sus más cercanos colaboradores habían procurado acallar el escándalo.

Aquel mismo año, George Bush entró en liza para aspirar a la presidencia. Moon y el *Washington Times* se alinearon resueltamente tras su candidatura. El candidato republicano, aunque hubiera ocupado durante ocho años el puesto de vicepresidente, pretendía no saber nada acerca de los asuntos turbios y los escándalos que se habían hecho públicos durante la administración Reagan. Ahora bien, cuando el fiscal especial Lawrence Walsh, al investigar el Irangate, estuvo a punto de encausar a George Bush, el diario de Moon le atacó con fiereza. Tampoco tuvo muchas consideraciones con el adversario demócrata del futuro presidente, Michael Dukakis, antiguo gobernador de Massachusetts, pues hizo correr falsos rumores sobre su salud mental. Estas insinuaciones contribuyeron a desacreditar a Dukakis ante la opinión pública y a desestabilizar su campaña.

El director del *Times* y su redactor jefe, Wesley Purden, se beneficiaron de un acceso directo y constante a la Casa Blanca cuando George Bush se convirtió en cuadragésimo primer presidente de Estados Unidos. Éste invitó a Purden a un almuerzo privado y le dijo: «Quería manifestarle hasta qué punto el *Times* se ha hecho valioso en Washington, donde lo leemos todos los días.»

## «Padre Nuestro»

Las citadas, eran palabras elogiosas que ilustraban los estrechos vínculos que existían entre el presidente de Estados Unidos y Moon. En 1992, cuando el presidente Bush padre se lanzó a la batalla por la reelección, el *Times* se hizo eco de unos rumores que acusaban a su adversario demócrata, Bill Clinton, de haber sido reclutado, tal vez, por el KGB durante un viaje que había efectuado a Moscú como estudiante de la Rodhes Scholar.

El anticomunismo era, en apariencia, un poderoso aglutinante que unía a Moon y las administraciones republicanas. Pero la realidad era mucho más equívoca. El reverendo Moon, apodado por sus discípulos «Padre Nuestro», financiaba activamente al personal político surcoreano y en especial a dos hombres: Kim Jong Pil, que ocuparía el cargo de primer ministro en 1998 y 1999, y sobre todo el antiguo opositor al régimen militar, Kim Dae Jong, elegido presidente en 1998 y partidario de iniciar un diálogo con el régimen comunista norcoreano.

Desde 1991, mientras que Pyongyang seguía sometido a un embargo comercial por parte de Estados Unidos y Bush padre todavía ocupaba el despacho oval, Moon hizo llegar varios millones de dólares al dictador norcoreano Kim Il Sung, como regalo de aniversario. Los dos hombres mantuvieron varios encuentros, y el anticomunista acérrimo *Washington Times* tuvo el insigne honor de recoger la primera entrevista que concediera nunca a un periódico occidental capitalista el último dirigente estalinista del planeta. Según las informaciones que recogió el periodista Richard Perry, y que provenían de informes de la DIA, los servicios secretos militares de Estados Unidos, varias reuniones entre el jefe de la secta y el dirigente comunista, que se celebraron entre el 30 de noviembre y el 8 de diciembre de 1991, permitieron sentar las bases de una cooperación comercial. El acuerdo preveía que Moon construyera un complejo hotelero en Piongyang, así como el desarrollo del turismo en la región de Kimkangsan, inversiones en la zona de Tumangang y, finalmente, la edificación de una central eléctrica en Wonsan. Unas inversiones que la DIA cifró en más de 3.500 millones de dólares.

En 1993, la Iglesia de la Unificación vendió unos terrenos en Pensilvania. Según la DIA, el beneficio de la venta —aproximadamente tres millones de dólares— transitó por un banco chino hasta la filial de Hong Kong del conglomerado surcoreano Samsung. Poco después, el dinero se entregó a Kim Il Sung, como regalo de aniversario.

Además de compartir la misma visión autoritaria del mundo e idéntica afición al poder absoluto, Moon y Kim tenían en común una desenfrenada inclinación al culto a la personalidad.

El acuerdo económico cerrado con Corea del Norte incluía una cláusula secreta: como agradecimiento por su ayuda, Kim Il Sung cedía por un periodo de 99 años al jefe de la Iglesia de la Unificación una concesión situada en Chongchu, el lugar de nacimiento de Moon. La zona estaba destinada a convertirse en una «tierra santa», el lugar de peregrinación hacia el que convergerían los moonistas del mundo entero.

Esta ayuda al régimen norcoreano colocaba a la administración Bush, todavía en el poder, en una situación embarazosa. El embargo de Estados Unidos sobre Piongyang se remontaba al periodo de la guerra entre las dos Coreas, es decir, a comienzos de la década de 1950. Prohibía cualquier acuerdo comercial o económico «entre Corea del Norte y cualquier ciudadano estadounidense o residente permanente».

Lo que incluía a Moon, oficialmente domiciliado en Tarrytown, cerca de Nueva York. Para numerosas autoridades de Estados Unidos, Moon no sólo había violado las leyes, sino que además había proporcionado a una dictadura que estaba contra la espada y la pared las divisas en moneda fuerte que necesitaba con urgencia y justo en el preciso momento en que Corea del Norte intentaba financiar ambiciosos programas de armamento.

Colocada por George W. Bush entre los países del «eje del mal», Corea del Norte se había beneficiado doce años antes, como Irak, del apoyo implícito de su padre.

Con total impunidad, George Bush no sólo no inquietó a Moon, sino que los vínculos entre ambos hombres se estrecharon tras abandonar el primero la presidencia, en 1992.

George y Barbara Bush dieron varias conferencias por Estados Unidos y Asia para organizaciones financiadas por Moon. En 1995, en Tokio, tomaron la palabra ante 50.000 personas. Organizaba la reunión la Federación de Mujeres por la Paz Mundial, una organización patrocinada por el reverendo coreano y presidida por Beverly Lahaye, una militante ultraconservadora cristiana. Su marido, Tim Lahaye, evangelista cristiano, es el autor de *Left Behind*, una obra de ficción de temática religiosa que vendió varios millones de ejemplares y que supera los grandes éxitos de John Grisham o Tom Clancy.

Tim Lahaye creó también, en 1981, otra organización importante que gozó de la generosidad de Moon, el Consejo de Política Nacional, y ocupó un cargo en la dirección de la Coalición para la Libertad Religiosa, otra asociación creada por Moon y en la que se agrupaban varios miembros destacados de la ultraderecha cristiana, hoy próximos a George W. Bush.

En 1984, Moon fue encarcelado por fraude fiscal. Se le impuso una pena de 18 meses de prisión y una multa de 25.000 dólares. Tim Lahaye indicó entonces a sus adeptos que se reunieran en torno al coreano encarcelado, como signo de protesta contra esta sentencia.

En 1996, Moon decidió lanzar un nuevo diario en Argentina, llamado *Tiempos del Mundo* y destinado a distribuirse por diez países de Latinoamérica.

Por aquel entonces el hombre y su organización eran

objeto de vivas críticas por parte de la prensa surameri-cana. Se ponían de relieve sus supuestos vínculos con go-biernos que habían apoyado a los «escuadrones de la muerte», así como con el régimen boliviano que había tomado el poder tras un golpe de Estado conocido como el de «la cocaína» por las complicidades entre esos diri-gentes políticos y los traficantes de drogas.

Los consejeros del presidente argentino Carlos Me-nem le incitaban a boicotear la cercana visita de Moon. La influyente Iglesia católica hablaba del verdadero «lavado de cerebro» al que la Iglesia de la Unificación sometía a sus fieles y recordaba que varios países, entre ellos Alema-nia, consideraban a Moon y su organización como una amenaza para el orden público, y le habían negado el visa-do de entrada.

## CIEN MIL DÓLARES POR UN DISCURSO

El reverendo Moon llegó a Buenos Aires tras haber conseguido acallar todas las críticas. Llevaba con él el más respetable de los avales: George Bush en persona, antiguo presidente de Estados Unidos y orador estrella de la velada que se había organizado.

Bush fue recibido por el presidente Menem y se alojó en la residencia oficial destinada a los jefes de Estado ex-tranjeros. Luego, el 24 de noviembre, en el hotel Sheraton y ante 700 invitados cuidadosamente elegidos, calificó a Moon de «hombre visionario» antes de añadir, entusias-mado: «Los editores del *Washington Times* me han dicho que este hombre visionario nunca había interferido en la marcha del periódico, periódico que, desde mi punto de vista, aporta un viento de salubridad a la ciudad de Washington. Estoy convencido de que *Tiempos del Mundo* hará lo mismo.»

Al día siguiente, Bush viajó con Moon hasta Uruguay, el país vecino, para inaugurar en Monteviedo y en su compañía un seminario que reunía a 4.200 jóvenes japoneses. El líder religioso tenía ya un banco, un diario y un hotel en Argentina y había comprado tierras en la provincia de Corrientes donde estudiaba construir unas «ciudades ideales» destinadas a sus discípulos.

El antiguo presidente de Estados Unidos había cobrado 100.000 dólares por su discurso de Buenos Aires, pero el total de la suma que Moon y su organización le habían pagado, por sus múltiples intervenciones, ascendía —según ciertas fuentes bien informadas— a casi 10 millones de dólares. Pero como escribió el periódico de la cofradía, *Unification News*, con referencia a la velada de gala que se había celebrado en Buenos Aires: «La presencia del señor Bush confiere al acontecimiento un prestigio inestimable. Padre [el reverendo Moon] y Madre [su mujer] están sentados con varios de los "verdaderos hijos" a pocos pasos del podio.»

Defensor con su mujer de los «verdaderos valores familiares», George Bush había declarado con relación a una de las organizaciones moonistas, la Federación de Mujeres por la Paz Mundial: «Hasta que descubra algo que me moleste seguiré apoyándolos.»

Sin embargo, algo habría tenido que molestar, desde hacía mucho tiempo, al cuadragésimo primer presidente de Estados Unidos: el tono marcadamente antiestadounidense de las intervenciones del reverendo Moon. Éste, en efecto, había declarado: «La historia dejará muy clara la posición del reverendo Moon, y sus enemigos, el pueblo y el gobierno de Estados Unidos se inclinarán ante él.»

El 1 de mayo de 1997, ante un público de fieles, había afirmado: «El país que representa la cosecha de Satán es Estados Unidos.»

El 4 de agosto de 1996, tres meses antes de la intervención de Bush en Argentina, Moon sentenciaba: «Los americanos que persisten en preservar su intimidad y en mantener su extremado individualismo son gente insensata [...] El mundo rechazará a los americanos que siguen estando tan locos. Cuando tengáis ese gran poder de amor, que es lo bastante grande para tragarse Estados Unidos entero, sin duda habrá individuos que se quejarán en vuestro estómago. Sin embargo, serán digeridos.»

A pesar de todo, Bush, impávido, seguía cooperando con un hombre que en el fondo lo tenía en muy poca estima, tal como atestiguan las palabras reproducidas en su página web poco después de la elección de Bush padre: «¿Quién es más grande, el presidente Bush o el reverendo Moon? Mis ojos son más pequeños y soy más bajo que el señor Bush. Además, el señor Bush es blanco y yo soy un hombre de color. Estados Unidos es un país desarrollado, mientras que Corea sigue siendo un país en vías de desarrollo. La carrera del reverendo Moon no es tan eminente ni su apoyo tan grande, mientras que el presidente Bush goza del apoyo de todo el país. Pero, por extraño que pueda parecer, mucha gente por todo el mundo declara: "El reverendo Moon es más grande que el presidente Bush." ¿Por qué? Porque nadie más puede ocupar el lugar del reverendo Moon. Al señor Bush, en cambio, lo sustituirá el siguiente presidente, incluso puede que dentro de cuatro años.»

Como escribía una importante revista de Estados Unidos: «No cabe duda de que Moon es abiertamente antiestadounidense y antidemocrático, y su programa pretende socavar la democracia de Estados Unidos y el individualismo.»

Durante años, sin darse tregua, Moon se había servido de su enorme fortuna y su afición a la manipulación para ganarse los favores de los dirigentes conservadores de Estados Unidos. Tanto políticos como religiosos. Los representantes de un país que, en el fondo, detestaba. Lo más jugoso a este respecto, dejando al margen su cooperación con Bush, era la alianza que había tejido con todos los líderes de la ultraderecha cristiana, defensores a ultranza de Estados Unidos y de sus valores. Los había transformado en asociados y, a algunos de ellos, en deudores.

A finales de 1993 el evangelista Jerry Falwell, líder de la mayoría moral, pasaba por graves dificultades económicas. El 5 de enero de 1994 embarcó hacia Seúl, donde mantuvo una larga entrevista con los administradores de la Iglesia de la Unificación. Poco después recibió 2,5 millones de dólares por el alquiler de su Liberty University, ubicada en Virginia, y que estaba al borde de la quiebra. Falwell declaró a continuación: «Si la sociedad del ateísmo estadounidense o el propio Saddam Hussein enviaran un donativo, sin restricciones, a uno de mis ministerios no os quepa duda de que actuaría de acuerdo con la filosofía de Billy Sunday: "El diablo ya se ha aprovechado bastante y voy a cobrar el cheque."»

A pesar de estas palabras, Falwell se había convertido en un aliado que hablaba con regularidad en manifestaciones organizadas por Moon, y que mostraba respeto y comprensión hacia el «nuevo Mesías» y su secta. Falwell llegó incluso a calificar al coreano de «héroe desconocido de la causa de la libertad, que debe ser alabado por su decisión y su valor, así como por su resistencia en la defensa de sus creencias».

Falwell, que había apoyado las campañas más difamatorias que se lanzaron contra Bill Clinton, no era el único que pertenecía a la «red» tejida por Moon. Tim Lahaye, el evangelista autor de best sellers religiosos, recibió medio millón de dólares de Bo Hi Park, mano derecha de Moon y antiguo agente de la CIA coreana. Una grabación mostraba a Lahaye dando las gracias a Bo por aquel ingreso. Ralph Reed, responsable de la fundación Heritage, Gary Bauer, director ejecutivo de la coalición cristiana y fugaz candidato en las elecciones primarias presidenciales, así como Robert Schuller, pastor y evangelista mediático de renombre, se beneficiaron también de las donaciones moonistas.

## «UNA VISIÓN MUNDIAL BÍBLICA»

Syung Moon tenía a su lado al sector más extremista de la ultraderecha cristiana. Tomando la palabra en el programa televisivo de su amigo Pat Robertson, el fundador de la coalición cristiana, Jerry Falwell, había acusado de los atentados del 11 de Septiembre de 2001 a «los paganos, los proabortistas, las feministas, los gays y las lesbianas». El propio Robertson consideraba que la tragedia del World Trade Center era el precio pagado por «la inmoralidad de un país [Estados Unidos] responsable de 40 millones de asesinatos». Se refería a los abortos.

Estos hombres no estaban a la cabeza de un grupúsculo de iluminados, sino de una importante fuerza electoral, entre el 15 y el 18 % de los votantes, con poderosos contactos en el mundo político. Ningún candidato republicano a las elecciones presidenciales podía ignorarlos o desdeñarlos. Moon, y ésa era toda su fuerza, representaba un verdadero puente entre política y religión.

El Consejo de Política Nacional, creado en 1981 por el evangelista y escritor ultrarreligioso Tim Lahaye, se beneficiaba de sus donaciones. Ahora bien, esta organización, de funcionamiento extremadamente discreto, reunía en su seno a todas las figuras emblemáticas del ultraconservadurismo religioso: Jerry Falwell y Pat Robertson, naturalmente, pero también Paul Weyrich del Free Congress y creador de la fundación Heritage; Phyllis Schlafly, activista política cristiana que afirma que el lugar de una mujer está en el hogar; James Dobson, mentor de George W. Bush, responsable de Focus on the Family, una organización y una revista centradas en Cristo; el reverendo James Robinson, uno de los evangelistas mediáticos preferido por el presidente de Estados Unidos; Bob Jones III, responsable de la universidad ultraconservadora de Carolina del Sur que lleva su nombre y que es conocida por sus posiciones abiertamente anticatólicas. Bob Jones califica al Papa de «anticristo». Su universidad recibió la discutida visita de George W. Bush durante la campaña presidencial de 2002. «Asumimos un riesgo yendo allí —reconoció más tarde uno de sus asesores electorales—, pero se trataba de mandar una señal clara a este electorado, mostrándole que el presidente estaba de su lado.»

Del ámbito político, hombres tan influyentes como el senador Jesse Helms o los representantes Dick Armey, Howard Philips y Tom De Lay eran miembros de este consejo. De Lay, elegido por Tejas, iba a convertirse en noviembre de 2002, tras la victoria de los republicanos en la Cámara de Representantes, en el hombre más poderoso del Congreso. Al tomar la palabra ante un grupo de representantes religiosos, declaró: «Sólo el cristianismo ofrece un camino para vivir y ofrece respuesta a las realidades que encontramos en este mundo.» Confesó también que estaba investido de una misión divina que era la de promover «una visión mundial bíblica en las políticas llevadas a cabo por Estados Unidos».

Para Joe Conason y Gene Lyons, el Consejo de Política Nacional «funciona como el comité central de un frente popular teocrático». Es una alianza de individuos y de grupos que acallan todas sus diferencias para combatir a un enemigo común. Este enemigo, abstractamente definido, es la separación instaurada por la Constitución de Estados Unidos entre la Iglesia y el Estado. Los blancos más concretos del Consejo son los liberales, numerosos demócratas y los «humanistas laicos» de toda suerte, incluso los republicanos moderados. Numerosos miembros influyentes del Consejo de Política Nacional se adhieren a una doctrina conocida con el nombre de «reconstruccionismo cristiano». Afirma que la legitimidad esencial de la Constitución de Estados Unidos procede de la Biblia, tal como la interpretaron los protestantes fundamentalistas.

A comienzos de 1999, mientras se perfilaba en el horizonte la perspectiva de la futura elección presidencial, estos grupos religiosos estaban decididos a aprovechar su oportunidad y acceder al poder por medio de un candidato que compartiera sus puntos de vista. Tenían la sensación de que los dirigentes del partido republicano los habían tratado con excesivo atrevimiento. «Su único poder hasta entonces —estimaba un observador— había sido el de provocar la derrota del candidato oficial. Lo que ya había sucedido en 1992, con Bush padre, y luego en 1996 con el senador Bob Dole. En varios de los mensajes intercambiados hablaban de la necesidad futura de "controlar el partido".»

## «UN HIJO NACIDO Y EDUCADO EN LA DERECHA CRISTIANA»

En 1999, un candidato parecía contar con la preferencia de los ultraconservadores y no era George W. Bush. Se trataba de John Ashcroft y procedía del Sur profundo. Jeff Jacoby podía escribir en el *Washington Times*: «Ashcroft es un hijo nacido y educado en la derecha cristiana.» En efecto, podía hacer gala de una carrera irreprochable. Pertenecía a las asambleas de Dios, el más importante movimiento pentecostal, con 2,3 millones de miembros en Estados Unidos y más de 30 millones de adeptos en todo el mundo. Se trataba de la primera institución religiosa centralizada nacida de un movimiento pentecostal que se había desarrollado a comienzos del siglo XX en Estados Unidos.

Su padre era ministro del culto, encargado de la rama de educación en el seno de la dirección del movimiento, instalado en Springfield, Misuri. Gobernador y, luego, senador por Misuri, Ashcroft había declarado en diciembre de 1999 a la revista religiosa *Charisma*: «Dicen que no tendríamos que legislar sobre moralidad. Pues bien, yo pienso que debiéramos legislar sobre todo lo que es moralidad. En cambio, no tendríamos que legislar sobre inmoralidad.» Totalmente contrario a la homosexualidad, al aborto —aunque la mujer haya sido víctima de incesto o de violación—, a la pornografía... y a las Naciones Unidas, Ashcroft bloqueó el nombramiento de un juez de Misuri del que sospechaba que no era lo bastante favorable a la aplicación de la pena de muerte.

Sin embargo, y pese a mostrarse sistemáticamente hostil con los detenidos, intervino para defender el caso de Charles T. Sell, un dentista de San Luis acusado de intento de asesinato de un agente del FBI y un testigo, tras haber sido acusado de fraude médico. Cierto es que Sell pertenecía al Consejo de Ciudadanos Conservador, una organización de extrema derecha que defiende la supremacía de la raza blanca.

Ashcroft, en sus intervenciones, reescribe de modo simplista e inquietante la historia americana y bíblica. Tras tomar la palabra en mayo de 1999 en la Universidad Bob Jones de Carolina del Sur, afirmó que los colonos rebeldes que se habían sublevado contra el rey de Inglaterra lo habían hecho por motivos religiosos: «Los recaudadores de impuestos llegaban y reclamaban lo que pertenecía al rey, y los colonos respondían con frecuencia: "No tenemos más rey que Jesús."»

Ninguno de los documentos fundacionales de la sublevación menciona a Jesús y, en la Constitución de Estados Unidos, Iglesia y Estado están rigurosamente separados. Todos los padres fundadores, pese a las afirmaciones de Ashcroft, se mostraron decididamente opuestos a una Iglesia oficial como la que existía en Inglaterra y en otros países europeos.

Su relato del episodio de la crucifixión de Jesús es también muy discutible: «Pilatos se presentó ante el pueblo de Jerusalén y declaró: "¿A quién queréis que suelte, a Barrabás o a Jesús, llamado Cristo? Y cuando gritaron "A Barrabás", les dijo: "¿Y Jesús, rey de los judíos?" Y brotó el clamor: "No tenemos más rey que el césar."»

Como ha puesto de relieve el periodista Robert Parry, Ashcroft ni siquiera puede citar fielmente la Biblia. No fue «el pueblo de Jerusalén», sino algunos sacerdotes los que dieron a Pilatos esta respuesta. Esa distorsión de los textos por un hombre de la Iglesia remitía a los más viejos estándares del antisemitismo: el pueblo judío era, en su conjunto, responsable de la muerte de Jesús.

Para lanzar su candidatura a la presidencia, Ashcroft recibió una donación de 10.000 dólares procedentes del líder de la coalición cristiana, Pat Robertson, y de su mujer. Pero era en realidad el beso de Judas. El presidente de la coalición cristiana había declarado ya en 1992 al diario *Denver Post*: «Mi objetivo es tomar el control del partido republicano.» Ashcroft no estaba en condiciones de imponerse en el ámbito nacional ni de realizar este objetivo. En cambio, Moon, con quien Robertson seguía en estrecho contacto, se movilizaba a favor de la candidatura de George W. Bush. El *Washington Times* llevaba a cabo un verdadero trabajo de zapa para desacreditar al candidato demócrata Al Gore, por aquel entonces vicepresidente de Bill Clinton. Un editorial, titulado «Mentira, mentira», terminaba con estas palabras: «Cuando Al Gore miente lo hace sin razón aparente.»


A juicio de Robertson, el gobernador de Tejas, hijo mayor del antiguo presidente, tenía dos bazas esenciales: considerables medios económicos y estrechas relaciones, que alimentaba con sumo celo, con todos los grupos fundamentalistas cristianos.

Robertson empujó a la derecha cristiana a apoyar a George W. Bush y a eliminar a su más poderoso adversario, el senador John McCain. Sus electores desempeñaron luego un papel decisivo en los estados más disputados y en Florida, ayudados por la sociedad federalista y sus redes jurídicas, hicieron que la balanza se inclinara del lado de Bush. Después de la elección, exigieron como pago por su apoyo el nombramiento de John Ashcroft para el cargo de fiscal general. El nuevo presidente sentía una gran admiración por el antiguo senador de Misuri y sus puntos de vista, pero deseaba para él un puesto de juez en el Tribunal Supremo.

Bush y el vicepresidente Cheney recibieron, entonces, infinidad de llamadas telefónicas de todos los responsables de la derecha religiosa, quienes exigían de manera unánime para Ashcroft el Departamento de Justicia. Su candidato tenía también otra baza importante: desde 1996 era el director de American Compass, una organización financiada por Richard Scaife Mellon y cuyo objetivo era promover el compromiso religioso en el sector social. El otro director del instituto era Marvin Olasky, el antiguo judío comunista que se había vuelto cristiano integrista y era asesor de George W. Bush.

El 84 % de los cristianos fundamentalistas habían votado a Bush en las presidenciales. Así pues, Ashcroft se convirtió en fiscal general.

Los militantes de los derechos civiles, de la protección del medio ambiente y de la separación constitucional de la Iglesia y el Estado manifestaron su indignación. La derecha cristiana y las organizaciones jurídicas conservadoras no ocultaron su satisfacción. Ashcroft no sólo controlaba el poder judicial, sino también el FBI y la ATF, agencias provistas de importantes poderes represivos.

De igual modo, parecía estar en sintonía con un importante sector de la opinión pública estadounidense. En efecto, los sondeos revelaban que un tercio de la generación del *baby-boom* aceptaba la tesis bíblica de la creación del universo en siete días, refutando así la teoría de la evolución, y consideraba que «las tentaciones eran obra del diablo».

Para Pat Robertson y su coalición, que habían convertido la guerra contra el laicismo en su principal caballo de batalla, el «enfrentamiento espiritual» podía empezar. «Habrá fuerzas satánicas que nosotros deberemos combatir», declaraba antes de añadir: «La estrategia que debe adoptarse contra la izquierda radical de Estados Unidos tiene que ser la misma que utilizó el general Mac-Arthur contra los japoneses durante la guerra del Pacífico: rodear sus bastiones, sitiarlos, aislarlos, bombardearlos y, por fin, expulsarlos de sus búnkeres con el combate cuerpo a cuerpo. La batalla de Iwo Jima no fue agradable, pero nuestras tropas la ganaron. La batalla para recuperar el alma de América tampoco será agradable, pero también la ganaremos.»

Poco después de la elección del nuevo presidente, la fundación Washington Times, controlada por Moon, organizó un almuerzo para festejar esta victoria en el que participaron Jerry Falwell, el evangelista Robert Schuller, Paul Crouch, responsable de la coalición cristiana, y otros fundamentalistas religiosos.

El 19 de enero de 2001 se celebró en el hotel Hyatt de Washington un «almuerzo de oración» que celebraba la toma de posesión de George W. Bush. Moon recibió una recompensa por «su trabajo para apoyar los valores familiares tradicionales». El hombre que tomó la palabra era John Ashcroft. El fiscal general, defensor incansable de los «valores» de Estados Unidos, felicitaba al hombre que explicaba a sus discípulos que estos mismos valores eran obra de Satán.

Pero la llegada al poder avivaba también las ambiciones y quebraba las solidaridades. Pat Robertson, a la cabeza de una fortuna personal evaluada en más de 150 millones de dólares —invertida en parte en caballos de carreras— mostraba sus reservas sobre el programa Faith Based anunciado por el presidente, que ofrecía subvenciones públicas a los programas sociales y escolares de las Iglesias. «Semejante proyecto —declaró Robertson, inquieto—, beneficiaría a Moon.» En efecto, el coreano intentaba desarrollar, con la ayuda de fondos gubernamentales, sus programas de abstinencia sexual en las escuelas públicas.

# 5

«El pueblo judío, en Israel y por todo el mundo, no tiene un amigo más fiel que Jerry Falwell.» El predicador y hombre de negocios nunca pierde ocasión de reafirmar el infalible apoyo de los fundamentalistas cristianos al Estado hebreo y a las comunidades judías. En 1985, en Jerusalén, durante un banquete que daba en honor de Moshé Arens, ministro israelí de Defensa y miembro destacado del Likud, un testigo vio que Falwell se inclinaba hacia el ministro, y le decía: «Quiero darle las gracias de nuevo por el avión que me han regalado.» El gobierno de Jerusalén le había ofrecido un jet privado por los numerosos servicios que había prestado a la causa de Israel.

Falwell es uno de los líderes que pertenecen al movimiento de los «cristianos sionistas», al igual que Ed MacAteer. A los 77 años, este antiguo responsable del departamento de márketing de Colgate Palmolive es uno de los principales animadores de este *lobby* sumamente organizado y decidido, del todo inevitable para los dirigentes políticos de Estados Unidos. MacAteer se lanzó a esta militancia en 1976, en una época en la que gran número de grupos cristianos conservadores demostraban opiniones abiertamente antisemitas y vínculos con organizaciones racistas de extrema derecha, como el Ku Klux Klan y la John Birch Society.

Desde hace ahora más de veinte años, cristianos sionistas y responsables gubernamentales trabajan de acuerdo con las palabras de MacAteer «dándose la mano» y ese «renacido» como George Bush gusta de decir: «Los mejores amigos con los que Israel puede contar son los que creen que la Biblia no contiene la palabra de Dios, sino que la Biblia es la palabra de Dios.»

Desde mediados del siglo XX, el término «fundamentalista» caracteriza una forma agresiva e intransigente del protestantismo, que insiste en la lucha contra la decadencia cultural y la teología liberal. Ese movimiento considera que el mundo y el hombre son las creaciones de Dios, y se refiere con frecuencia al famoso proceso incoado en 1925 a un profesor de biología que enseñaba a sus alumnos la teoría de la evolución, lo que para ellos es el colmo del horror y del absurdo.

Más inquietante si cabe es el hecho de que un buen número de estos movimientos se adhieren a las prédicas de John Darby. Este pastor inglés del siglo XIX consideraba que una serie de acontecimientos anunciarán los últimos días de nuestro mundo. Estos signos precursores son la guerra, la aparición de un nuevo orden político y económico mundial y, finalmente, el regreso de los judíos a la Tierra Santa prometido a Abraham.

## LA BATALLA DEL APOCALIPSIS

Darby elaboró una doctrina, bautizada como el «dispensionalismo», popularizada por las novelas religiosas del pastor ultraconservador y amigo de Moon, Tim La-haye.

Según las profecías de Darby, Dios se apartó de Israel, que rechazaba al Mesías, para crear, construir y, milagrosamente, evacuar la Iglesia antes de la gran tribulación. Varias fases precederán al fin del mundo. Durante el «rapto», «los verdaderos creyentes se reunirán con Cristo en los aires». La «tribulación» marcará la llegada del anticristo, que tomará el poder en todo el mundo; un episodio marcado por la batalla del Apocalipsis, antes del segundo regreso de Cristo y el establecimiento del reino de Dios.

Este final feliz depende de la conversión de los judíos. Y todo ello sólo podrá suceder si los judíos están en posesión de todas las tierras que Dios les diera. «En otras palabras —como escribe Matthew Engel en el *Guardian*—, esos creyentes apoyan a los judíos para poder abolirlos.» Jerry Falwell, por supuesto, pero también Pat Robertson y D. L. Moody, el fundador del Instituto de la Biblia Moody, se suman a esta doctrina, al igual que Michael Geerson, el hombre que escribe los discursos de George W. Bush y cuyo despacho, en la Casa Blanca, es el más cercano al del presidente.

Como ponía de relieve Stan Crock en *Business Week*: «Los cristianos fundamentalistas ven a los líderes islámicos, desde la época de Saladino al reinado de Saddam Hussein, como un posible anticristo o, al menos, su precursor.» Y añade, diseccionando las teorías de John Darby: «Tras siete años de este dominio satánico, Cristo y sus santos, probablemente representados por George W. Bush y sus colaboradores» regresarán y triunfarán sobre el mal durante la batalla de Harmaguedón, un antiguo campo de batalla cerca de Haifa, en el norte de Israel.

Instalado en Jerusalén, Cristo reinará pacíficamente durante mil años, el «millenium» tan esperado por estos creyentes.

Esta interpretación bíblica encuentra poderosos contactos políticos. Al igual que John Ashcroft, Tom De Lay, electo por Tejas, convertido en el hombre más poderoso del Congreso de Estados Unidos, comparte estos puntos de vista. Durante la segunda Intifada palestina, De Lay, que es sin embargo uno de sus simpatizantes, puso claramente en guardia a Bush y su administración contra cualquier intento de ejercer presiones sobre Ariel Sharón para lograr la retirada de las tropas israelíes de Cisjordania. «Debemos apoyar a Israel en sus esfuerzos por desmantelar la dirección palestina que fomenta la violencia y atiza el odio», declaró en la Universidad de Fulton, en Misuri, el lugar donde Winston Churchill pronunció, en 1946, su famoso discurso sobre el «telón de acero» que señalaba el comienzo de la guerra fría.

«Si se centran ustedes en el poder que los grupos judíos ejercerían sobre la política de Estados Unidos, se equivocan de barco —afirma Steven Spiegel, profesor de ciencias políticas en la Universidad de California—. La derecha cristiana tuvo, en cambio, una influencia real al moldear los puntos de vista del partido republicano con respecto a Israel.»

La realidad, probablemente, se encuentra a medio camino.

La victoria relámpago de Israel durante la guerra de los Seis Días, en 1967, y la conquista del conjunto de Jerusalén habían provocado una inmensa excitación entre los «dispensionalistas» que se sumaban a las tesis de Darby.

Nelson Bell, editor de *Christianity Today* y suegro del célebre predicador Billy Graham, había escrito: «Que por primera vez, después de más de dos mil años, Jerusalén esté ahora por completo en manos de los judíos provoca en quien estudia la Biblia estremecimiento y una fe renovada en su exactitud y su validez.»

Un entusiasmo que merece ser matizado. Billy Graham, que tiene hoy 84 años, confesó y aconsejó a más de media docena de presidentes estadounidenses. La única prueba escrita de sus palabras y sus pensamientos son las transcripciones de las famosas cintas donde conversaba con Richard Nixon. Hemos mencionado ya sus palabras sobre el «dominio de los medios de comunicación por los judíos», pero durante otra discusión con el presidente de Estados Unidos, en la Casa Blanca, reconocía: «Muchos judíos son grandes amigos míos. Pululan a mi alrededor y se muestran amistosos porque saben que yo soy amistoso con Israel. Pero ignoran lo que siento con respecto a lo que están haciendo de este país.» El evangelista mediático Patrick Robinson, por su parte, evocaba en un libro que escribió en 1990 el efecto corrosivo de la «población judía liberal» sobre la vida pública de Estados Unidos.

Graham pidió excusas por estas palabras, pero una anécdota que refirió George W. Bush a Sam Howe Verhoek del *New York Times* resulta esclarecedora. Bush, discutiendo con su madre, afirmaba que sólo los cristianos tenían cabida en el Paraíso. Barbara Bush telefoneó a Billy Graham para preguntarle su opinión. Graham respondió a Bush que estaba «de acuerdo con él desde el punto de vista personal», pero le aconsejó que no «jugara a ser Dios».

Esta ambigua alianza entre Israel y los cristianos conservadores se estableció en 1977, cuando Menájem Beguin y el Likud, partido de la derecha israelí, accedieron al poder por primera vez. Para Beguin, se trataba de contrarrestar a toda costa las iniciativas del presidente Jimmy Carter, quien deseaba iniciar las negociaciones a fin de lograr el reconocimiento del derecho de los palestinos a una patria. El Likud procuró aliarse con estos fundamentalistas ultraconservadores cristianos que apoyaban la intransigencia israelí. Carter se vio, de este modo, privado de una importante base electoral. Anuncios a página completa en los principales diarios de Estados Unidos, decían: «Ha llegado para los cristianos evangélicos el tiempo de afirmar su creencia en la profecía bíblica y el derecho divino de Israel a su tierra. Afirmamos, como evangélicos, nuestra creencia en la tierra prometida al pueblo judío [...] Veríamos con gran inquietud cualquier esfuerzo para constituir otra nación o entidad política en el seno de la patria judía.»

## SHARÓN, UNA ESTRELLA DEL ROCK

En 1980, el apoyo masivo de los cristianos sionistas a Ronald Reagan fue una de las razones de la derrota de Jimmy Carter. En junio de 1981, Menájem Beguin telefoneó a Jerry Falwell, antes incluso de llamar al presidente de Estados Unidos, justo después de haber ordenado la destrucción de la central nuclear iraquí de Osirak. Y cuando en 1982 el gobierno de Beguin decidió invadir el Líbano, el principal artífice de esta intervención, Ariel Sharón, por aquel entonces ministro de Defensa, fue a Estados Unidos para asegurarse el apoyo de los cristianos conservadores.

Las apariciones de Ariel Sharón ante los cristianos sionistas le valen, según un testigo, ovaciones «reservadas, por lo general a las estrellas de rock». El primer ministro israelí ocupa, por lo demás, un lugar aparte. Para algunos extremistas de la doctrina «dispensionalista», Sharón es el hombre que Dios ha elegido para cumplir las profecías del fin de los tiempos. Se refieren a su andadura: conoció el poder y, luego, el descrédito por su presunto papel en las matanzas de Sabra y Shatila. Y se basan en esta cita bíblica: «Que siete veces cae el justo, pero se levanta» (Proverbios 24:16).

Este apoyo a Israel por razones teológicas se basa en una interpretación literal de la Biblia. Al apoyar el programa del gran Israel defendido por Beguin y el Likud, que prevé la anexión de los territorios ocupados desde 1967, los cristianos sionistas afirman que sólo están respondiendo a la llamada de Dios, tal como se formula en el Antiguo Testamento.

Matthew Engel describió en el diario británico *The Guardian* del 28 de octubre del 2002 una manifestación que se desarrolló en Washington:

A primera vista la escena es muy familiar, como las hay continuamente en Washington o en cualquier otra ciudad de Estados Unidos. En el escenario, un estudiante israelí dice a miles de partidarios que los horrores del año sólo han logrado fortalecer la determinación de su pueblo: «A pesar de los ataques terroristas, nunca nos arrojarán de nuestra tierra prometida», declara. Lo saludan gritos de alegría y de aprobación, y las banderas israelíes flamean y suena el *shofar*, el cuerno de carnero utilizado en las ceremonias judías. Viene luego el alcalde de Jerusalén, Ehud Olmert, a quien se recibe con mayor efusividad si cabe: «Dios está con nosotros. Vosotros estáis con nosotros.» Y hay más gritos, y más agitar de banderas y sonar de cuernos de carnero.

Este apoyo tampoco surge con algunos «si» y algunos «pero». Los carteles que hay alrededor de la sala insisten en el hecho de que cada centímetro de la Tierra Prometida tendría que pertenecer a Israel y que no debería existir un Estado palestino. En apoyo de estas frases se incluyen citas bíblicas. Podría ser una reunión en Israel de quienes piensan que Ariel Sharón es un peligroso entreguista.

Pero ocurre algo extraño aquí. Son miles de personas las que aclaman a Israel en este inmenso Washington Convention Center. Sin embargo, ninguna de ellas parece ser judía, al menos en el sentido habitual. Porque es la reunión anual de una organización realmente no judía: la coalición cristiana de Estados Unidos.

Y lo más extraño de todo ello no es su apoyo, que es un desarrollo nuevo e importante en la vida política estadounidense, sino el pensamiento que subyace, que es en su conjunto más gélido para los partidarios tradicionales de Israel de lo que sugieren las aclamaciones y las banderas. Podría calificarse de francamente retorcido.

En un país donde la asistencia a la iglesia es 20 veces más elevada que en Gran Bretaña (el 40 %, en comparación con el 2 %), la relación entre religión y política es intensa en Estados Unidos. Y no cabe prácticamente duda alguna de que la pasada primavera, cuando el presidente Bush vacilaba y se demoraba en la política de Oriente Próximo, antes de colocarse del lado israelí, no estaba influido por el voto judío, sobrestimado, sino por la opinión de los «conservadores religiosos» cristianos, que, según ellos, representan entre el 15 y el 18 % del electorado. Cuando el presidente pidió a Israel en abril que retirara sus tanques de Cisjordania, la Casa Blanca recibió, al parecer, cien mil mensajes de conservadores encolerizados. Diez años antes, cuando el padre del presidente estaba en la Casa Blanca, el trabajo electoral de su hijo mayor era servir de embajador oficioso ante ese grupo, ofrecer garantías de que ellos y la administración estaban totalmente de acuerdo en cuestiones como el aborto, la pornografía o la oración en las escuelas, cuestiones todas ellas que gustan de agrupar bajo el nombre de «valores familiares».

[...] Oh sí, asentía Marion Pollard, una encantadora dama de Dallas que vendía cristal de Jerusalén pintado a mano en el vestíbulo de exposiciones de la conferencia. «Dios es el dueño. Hará lo que le plazca. Pero según las Escrituras éstas son las líneas directrices.» Se declara ferviente partidaria de Israel, como Lewis Hall, de Carolina del Norte. «Creo que ellos [los judíos] deben aceptar al Mesías.» ¿Y si no quieren? «Creo que lo aceptarán cuando sepan quién es. Creo que algún día despertarán. Tal vez sea necesaria una tercera guerra mundial para conseguirlo.»

Al mismo tiempo, Leanne Cariker, de Oklahoma, sostenía un cartel, fuera del vestíbulo, donde se leía: «Decid sencillamente: ¡No! a un Estado palestino.» Su apoyo a Israel se basa en las mismas premisas. «La Biblia dice que no hay otro medio de adorar a Dios que a través de Su hijo», explica.

Contribuyendo a lo extraño de la escena, Leanne Cariker se hallaba frente a otro grupo de manifestantes: judíos jasídicos antisionistas de Brooklyn, con largos abrigos negros que se oponen al Estado de Israel sobre la base de su propia lectura de la Biblia.

[...] Podrían ustedes pensar que estos militantes cristianos representan el último sedimento del desvarío políticorreligioso de Estados Unidos. Los políticos no lo creen. La conferencia comenzó con la proyección del vídeo de una bendición directamente llegada del despacho oval [de la Casa Blanca]. Algunos de los republicanos más influyentes del Congreso se dirigieron a la audiencia, incluido —y no una sola vez, sino dos— Tom De Lay, que es el gran favorito para hacerse cargo de la dirección de la mayoría en la Cámara de Representantes tras las elecciones del 5 de noviembre, lo que lo convertirá en el hombre más poderoso de la colina del Capitolio.

«¿Estáis cansados de todo esto? ¿Lo estáis?», gritó a la audiencia. «¡Nooooo!», respondieron ellos. «No cuando os levantáis por los judíos y por Jesús, seguro», respondió. Los judíos no suelen levantarse por Jesús. Pero la mayoría de los líderes judíos optaron por encogerse de hombros, aceptar el apoyo cristiano y dejar que siguieran hablando de su conversión. Otros líderes más reflexivos se sienten, como mínimo, inquietos.

«Aceptaré este apoyo porque Israel lo necesita», dijo el rabino Jerome Epstein, vicepresidente de United Synagogue, la organización judía conservadora de Estados Unidos (centrista, en este contexto). «Su teología es un mundo distinto. Cargaremos con ello. Si les convenzo de que no apoyen a Israel, ¿abandonarán ellos sus tentativas de convertir a los judíos? No.»

No todo el mundo acepta esto. «El verdadero pueblo judío no les gusta», dijo el autor Gershom Gorenberg en el programa de la CBS *60 Minutes*. «Les gustamos como personajes en su historia, en su juego, y no es eso lo que somos. Si escuchan ustedes el drama que describen, es, en términos generales, una obra en cinco actos en la que los judíos desaparecen en el cuarto.» No es esto lo que los oradores de la reunión se apresuraran a subrayar. A De Lay le siguió Pat Robertson, el fundador de la Coalición, ex candidato antaño a la presidencia y perfecta personificación del evangelista mediático estadounidense de éxito: peinado impecable, sonrisa permanente, traje caro, voz melosa y tono decidido. Robertson prefiere hacer hincapié en los planes árabes para arrojar a los israelíes al mar y en la iniquidad de Arafat y «su pandilla de bandidos». Pero cita también las historias de Josué y de David para demostrar la propiedad de Israel sobre Jerusalén, «mucho antes de que se hubiera oído hablar de Mahoma».

[...] El vínculo entre la derecha cristiana y el partido republicano se hace incluso más fuerte, sobre todo en los estados electoralmente decisivos del Sur y del Oeste. Los republicanos están casi seguros de recuperar el control del Senado, lo que les librará del obstáculo que en la actualidad impide al presidente nombrar jueces conservadores («jueces imparciales», según la mayoría de los republicanos; «derechistas fanáticos», según sus oponentes) para los tribunales inferiores y, llegado el caso, para el Tribunal Supremo. Eso dará a la derecha y, en concreto, a la derecha religiosa, una influencia sin precedentes en todas las parcelas del gobierno de Washington.

William Cook resume con claridad el surrealismo de estas posiciones cuando escribe: «¿Es posible creer, en el siglo XXI, que un Dios designado por una pequeña tribu de nómadas semitas, hace tres mil quinientos años, puede dictar a los estadounidenses en qué modo deben dirigir su política exterior?»


EL ANTICRISTO ES «JUDÍO Y VARÓN»

Durante las elecciones presidenciales de 2000, George Bush sólo recibió el 19 % de los votos del electorado judío, que tradicionalmente se inclina por el voto demócrata. Sin embargo, los estallidos de violencia en los territorios palestinos habían estrechado más aún la alianza entre cristianos conservadores y judíos partidarios de Israel. Poco después de los acontecimientos del 11 de Septiembre, el presidente de Estados Unidos había reafirmado su comprensión y su apoyo a la lucha contra el terrorismo que llevaba a cabo Ariel Sharón. Esta posición se correspondía con las convicciones profundas del inquilino de la Casa Blanca, pero le proporcionaba también sustanciales ganancias electorales.

Los sondeos que efectuó su estratega, Karl Rove, indicaban que las intenciones de voto del electorado judío en favor de Bush aumentaban de manera notoria en estados clave como Florida, Michigan y Pensilvania. Nueva York, tradicional bastión demócrata, revelaba una mayoría de votos judíos favorables al presidente republicano. Para James M. Hutchens, presidente de Christians for Israel: «Los votos judíos en Nueva York, que buscan asegurarse el hecho de que los senadores mantendrán una actitud proisraelí, no pueden explicar el amplio consenso y el sentimiento siempre favorable de la mayoría del Congreso en favor del Estado hebreo, sobre todo cuando un buen número de los más firmes apoyos de Israel proceden de estados cuyas comunidades judías son poco importantes.»

Aunque esta administración compartía sus puntos de vista, los cristianos sionistas mantenían una vigilancia y una presión invariables sobre su política. El líder de la mayoría de la Cámara de Representantes, Tom De Lay, tan firme y constante en su apoyo incondicional a Sharón como en sus críticas contra Arafat, había hecho que se votara una resolución decididamente proisraelí.

William Kristol, pensador neoconservador judío, cercano a George W. Bush y a los halcones del Pentágono, Richard Perle y Paul Wolfowitz, escribía en su revista *Weekly Standard*: «Pensamos que no puede usted tener un proceso de paz en el que uno de los participantes es un patrocinador del terrorismo. No si está usted comprometido en una guerra seria contra el terrorismo.»

Una posición que comparten por completo los cristianos sionistas. Gary Bauer, presidente de American Values y pilar de la cúpula religiosa ultraconservadora, había escrito en junio de 2002 una carta abierta al presidente de Estados Unidos que también firmaron varios jefes de filas de la derecha cristiana, entre ellos Jerry Falwell.

«Creemos —decían— que es imperativo para Estados Unidos mantenerse al lado de nuestro aliado y amigo Israel, mientras se esfuerza en vencer las mismas fuerzas del terrorismo que combatimos nosotros desde el

11 de septiembre de 2001. Quisiéramos pedirle que cesara cualquier presión sobre el primer ministro israelí Ariel Sharón, a fin de que disponga del tiempo necesario para concluir la misión que se ha fijado: la eliminación de las células y de la infraestructura terrorista de los territorios de Cisjordania.»

El antiguo responsable de la coalición cristiana, Ralph Reed, declaraba por su parte: «No existe mayor prueba de la soberanía de Dios sobre el mundo, hoy, que la supervivencia de los judíos y la existencia de Israel [...] Esta verdad explica en parte por qué los cristianos y demás conservadores animados por la fe se mantienen tan firmes en su apoyo a Israel.»

En 1998, cuando Benyamín Netanyahu, por aquel entonces primer ministro israelí, había acudido a Washington, su primer encuentro no fue con Bill Clinton, sino con Jerry Falwell y más de mil cristianos fundamentalistas reunidos para la ocasión. Aquel mismo año, durante una convención de la ultraderecha cristiana, había suscitado una viva conmoción al atacar con saña al presidente de Estados Unidos. Desde comienzos de la década de 1990, Netanyahu había aprovechado su cargo de embajador de Israel ante las Naciones Unidas para establecer estrechos vínculos con los dirigentes de la derecha cristiana. Tras la elección de Ariel Sharón como primer ministro, la cooperación se estrechó más aún. La embajada israelí en Washington invita con mucha regularidad a los dirigentes y principales cargos de estas organizaciones cristianas para coordinar acciones.

Una alianza ambigua, pues el sostén de los cristianos descansa más sobre las creencias en las profecías bíblicas que sobre el respeto a los judíos y al judaísmo. Como escribían Ken Silverstein y Michael Sherer en *Mother Jones*: «Trabajan para apoyar a Israel sólo porque creen que eso llevará al triunfo postrero de la cristiandad. Para ellos, la crisis de Oriente Próximo fue profetizada en la Biblia.»

Según escribió Gershom Gorenberg en el *International Herald Tribune* del 14 de octubre de 2002: «La visión de Israel por la derecha cristiana deriva ampliamente de una posición teológica de doble filo. Según la posición antijudía clásica, se considerará al pueblo judío espiritualmente ciego por haber rechazado a Jesús.» Jerry Falwell, gran aliado del Likud y de los dirigentes israelíes, afirmaba que el anticristo ha llegado ya, y que es «judío y varón». Para el pastor Shuck Mussler, Auschwitz fue «sólo un preludio del futuro apocalipsis».

Sin embargo, en diciembre de 2002, Sharón, dirigiéndose a mil quinientos cristianos sionistas llegados a Jerusalén, declaró: «Os consideramos nuestros mejores amigos en todo el mundo.»

Esta alianza entre la administración Bush y el actual gobierno israelí no puede ocultar la faceta inquietante de las tesis de Darby que estos cristianos extremistas han adoptado: al final del apocalipsis, esta batalla final entre el bien y el mal, muchos judíos se convertirán al cristianismo y los no creyentes, entre ellos los judíos y los musulmanes, serán condenados y perecerán. El Mesías conducirá luego a los justos al paraíso.

W. A. Criswell, responsable de la mayor Iglesia baptista de Dallas, Tejas, declaró públicamente: «¿Escucha el Dios terrible las oraciones de los judíos?» Su respuesta cae como una guillotina: «No.» Bailey Smith, antiguo presidente de la Iglesia baptista del Sur, le hace eco al afirmar: «Dios no escucha las plegarias de los judíos.»

El 10 de febrero de 2003, George W. Bush presidió en Nashville, Tennessee, la convención nacional de los difusores religiosos. Ante una muchedumbre que le aplaudió atronadoramente, fue presentado por los organizadores como «nuestro amigo y hermano en Dios». Vestido con su uniforme de comandante en jefe del país, el presidente Bush pronunció un discurso en el que percibía y evocaba los problemas internacionales, interiores y económicos en términos espirituales: «Saludo a la fe. Saludo a la fe que ayuda a resolver los problemas más profundos del país», comenzó. Los espectadores presentes subrayaban cada pausa en su intervención con un «Amén» de aprobación.

EL PESO DEL SUR PROFUNDO

Estados Unidos conoce un extraño movimiento de péndulo. Durante decenios, los presidentes que se sucedían en la Casa Blanca procedían de la Costa Este; luego, a partir del tejano Lyndon Johnson, en 1963, se produjo un deslizamiento hacia el oeste del país: Nixon, Reagan, Bush padre. Con George W. Bush, el centro de gravedad del país se situaba en el Sur profundo, olvidado durante mucho tiempo. Bush había vivido y crecido en Midland, Tejas, pero su fe, su estricta actitud religiosa, sin matices ni compromisos, es la de los habitantes de los estados del Sur que componen el famoso Bible Belt (cinturón de la Biblia). Por primera vez en la historia de Estados Unidos, ese Sur profundo desempeña un papel decisivo en la dirección de los asuntos del país. Hombres como John Ashcroft, el fiscal general, y numerosos líderes religiosos extremistas o fanáticos cercanos al poder son originarios de esta región.

Este Sur desempeña también un papel extremadamente importante en la lógica de la guerra y en el reforzamiento del famoso complejo militar-industrial, ambos apoyados por el poder que se ha instalado en Washington. Como explica la revista *Counter Punch*: «El Sur representa sólo la tercera parte de la población estadounidense, pero el 42 % del conjunto de los soldados. El 56 % de las tropas con base en suelo estadounidense están acuarteladas en los estados del Sur. Los políticos sudistas son en el Congreso los halcones más feroces, y sus inclinaciones con respecto a la política exterior están muy lejos de las ideas de paz y de diplomacia. El Sur produce también más armamento que cualquier otra región, al acoger en 2001 más del 43 % de todos los contratos de armamento que se firmaron en Estados Unidos. Finalmente, más de dos tercios del armamento estadounidense que Israel utiliza procede de las fábricas que las empresas de armamento tienen en el Sur.»

*Le Monde*, en un artículo de Henry Tincq, indicaba que los misioneros de Estados Unidos, durante la guerra, acampaban ya a las puertas de Irak, «dispuestos a salir volando en socorro "material y espiritual" de la población cuando ésta se haya "liberado" de Saddam Hussein. La convención baptista del Sur y la Samaritan Purse, asociación humanitaria que dirige Franklin Graham, hijo del celebre evangelista mediático Billy Graham, ya tienen equipos en la frontera jordana». Franklin Graham, que tuvo el privilegio de «bendecir» la ceremonia de toma de posesión como presidente de George W. Bush en enero de 2001, y que con regularidad es invitado a la Casa Blanca, ha destacado por sus violentas diatribas contra el islam: «El Dios del islam no es el mismo Dios que el de los cristianos —afirmó—. Es un Dios distinto, y creo que es una religión muy malévola y muy mala.» Es importante precisar que más del 90 % de los iraquíes son musulmanes...

# 6

Las fuerzas de extrema derecha cristiana de Estados Unidos no son las únicas que actúan en la administración Bush. Algunos elementos del equipo presidencial, de los más virulentos en su apoyo a la operación Libertad Iraquí, desarrollan tesis del todo similares a las de sus homólogos fundamentalistas, sin sumarse sin embargo a sus ideas y a su visión del mundo. Son judíos cercanos al Likud israelí y partidarios de la «mano dura» ante el problema palestino.

Desde que George W. Bush se situara a la cabeza del ejecutivo de Estados Unidos, y más aún desde el 11 de Septiembre de 2001, estos hombres han conseguido un grado de intimidad sorprendente con el comandante en jefe del primer ejército del mundo, que presta un atento oído a sus recomendaciones y a sus tesis. Son el origen de la nueva política exterior estadounidense, basada en el intervencionismo y la fuerza. Una filosofía sorprendente en un presidente que fue incapaz de nombrar a cinco jefes de Estado distintos en un programa de televisión, pocas semanas antes de las elecciones.

Pero los vínculos que unen a estos hombres con Israel y parte de la clase política de ese país plantean serias dudas, tanto sobre la ética como sobre lo bien fundado de sus acciones.

Douglas Feith, el subsecretario de Estado para la Defensa, constituye un ejemplo típico de esta inextricable intimidad entre la administración actual y la derecha israelí. Feith se sitúa muy cerca de la Zionist Organization of America, donde pronuncia numerosos discursos. Esta organización, tan influyente como radical, recompensó a su padre, Dalck, que es miembro del Betar, un grupúsculo fanático al que fustiga la práctica totalidad de la comunidad judía mundial.

Antes de asumir el cargo, Douglas Feith dirigía un bufete de abogados, cuyas únicas sucursales extranjeras se encontraban en Israel. Feith representaba allí a «un fabricante de armas israelí», cuya identificación ha resultado imposible.

Pero el subsecretario de Defensa no es el único halcón de Washington que trabaja con los fabricantes de armas israelíes. Se sabe, por ejemplo, que Richard Perle, otro influyente personaje entre los que hoy se describen como neoconservadores, trabajó para la firma Soltam, que manufactura piezas de artillería y morteros (una hilera de obuses abre con orgullo su página web, en la que se declara: «Soluciones que han sido probadas en el campo de batalla...»).

Douglas Feith tiene, sin embargo, una particularidad que no encontramos en Perle ni en ningún otro de sus compañeros: es el único responsable de Estados Unidos que dispone de bonos del Tesoro israelíes. Una inversión desdeñable para el subsecretario de Defensa, puesto que cuenta —y ésta es también una constante entre los responsables actuales— con una fortuna considerable: más de 27 millones de dólares...

Ya antes de su llegada al Pentágono, Feith era director del Center for Security Police (CSP), un organismo de investigación que tampoco tiende hacia la moderación. El propio CSP resume su doctrina del siguiente modo: «Promover la paz por la fuerza.»

Este centro fue dirigido durante mucho tiempo por un hombre llamado Frank Gaffney, que constituye un enlace tradicional entre los sionistas cristianos de la ultraderecha de Estados Unidos y los halcones israelíes. Siempre se ha considerado que es uno de los partidarios más feroces de Benyamín Netanyahu y Ariel Sharón en Estados Unidos. El 17 de diciembre de 2001, declaraba a un grupo reunido en un gran hotel de Washington, y en el que se encontraban Douglas Feith, Donald Rumsfeld y Richard Perle: «Hemos necesitado trece años para llegar hasta aquí, ¡pero esta vez ya estamos!» Una alusión a los halcones que estaban ahora a la cabeza del país...

Richard Perle, que gravita en los mismos círculos, en los mismos centros de investigaciones fuertemente conservadores —y sobre todo, bien dispuestos con respecto a la derecha israelí— es una figura atípica de la política estadounidense. Y de la política en general. Apodado, durante la era Reagan, «el Príncipe de las Tinieblas», a Perle nada le gusta menos que la luz de los focos y las candilejas. No aspira a ningún cargo oficial (durante el nombramiento de los responsables del Pentágono, a numerosos observadores les sorprendió que no se le citara). Perle quiere el poder, la influencia y la discreción. Como confesaba un alto responsable: «Perle vive en Washington el sueño de cada uno de nosotros: tener acceso a los materiales más confidenciales e influir en las decisiones sin tener que rendir nunca cuentas a nadie.»

Es de entre los halcones el que ejerce una influencia más decisiva, junto con Paul Wolfowitz. Perle dirigía el Defense Policy Board, un grupo de reflexión e investigación que depende del Pentágono, sin ningún poder decisorio directo. A consecuencia de los escándalos financieros que se comentan más adelante, tuvo que dimitir de este cargo, pero sigue siendo miembro del grupo. Sea como fuere, su cargo oficial carece de importancia en la medida en que la política exterior actual de Washington refleja sus escritos al pie de la letra. El Príncipe de las Tinieblas es más poderoso que nunca.

También él es un feroz defensor de Israel. Toda su carrera lo demuestra. Perle hizo sus pinitos en el equipo del senador demócrata Henri *Scoop* Jackson. Por lo demás, presume de estar, todavía hoy, inscrito en el partido demócrata, en recuerdo de su mentor. Este senador, muerto desde hace casi veinte años, con toda probabilidad contribuyó más que nadie a modelar a los halcones de hoy (es interesante advertir que también Wolfowitz y Feith trabajaron en el equipo de Jackson). Más «duro» que la mayoría de los republicanos de aquel entonces, Jackson hacía que su joven equipo acudiera a todos los frentes, combatiendo todos los tratados de reducción de armamento que se presentaban en el Congreso. Consiguió bloquear la ratificación del tratado SALT-2, para la no proliferación de armas nucleares, hasta que la invasión soviética de Afganistán enterró definitivamente el proyecto. Todavía más significativo: Jackson y su equipo estuvieron en el centro de las negociaciones que más tarde permitieron a los emigrantes judíos de la Unión Soviética dirigirse a Israel, tras haber insistido el senador, por medio de una enmienda que lleva su nombre, en establecer sanciones comerciales contra Moscú mientras esta disposición no se pusiera en práctica.

## LA ESCUELA DE LA FUERZA

Perle y sus compañeros aprendieron en esta escuela que la fuerza permitía alcanzar los fines perseguidos. Que su uso, o la simple amenaza de usarla, era moralmente aceptable si servía causas justas. Ratificar tratados de no proliferación nuclear con los enemigos soviéticos constituía un reconocimiento de debilidad, sobre todo cuando este enemigo comenzaba a vacilar. El porvenir le dio la razón. Y fortaleció más aún las convicciones que son hoy las suyas: ante un adversario irreductible, el bien sólo puede triunfar por la fuerza...

La carrera de Perle conoció su primer percance cuando rumores procedentes de la NSA lo acusaron de haber entregado a Israel documentos confidenciales. Muy cercano a Israel, es también uno de los directores de Hollinger Corporation, propietaria, en concreto, del diario *Jerusalem Post* y del *Daily Telegraph* de Londres.

Wolfowitz sólo se diferencia de Perle en apariencia: el uno permanece en la sombra y el otro ocupa un cargo de primera línea en el aparato de Defensa. Pero sus caminos no han dejado de cruzarse desde hace treinta años. Especialmente en el seno del JINSA, el Instituto Judío para Asuntos de Seguridad Nacional, un grupo de reflexión y de apoyo a Israel cuyo objetivo es «explicar a los responsables diplomáticos y militares de Estados Unidos el papel que Israel puede y debe desempeñar en la emulación democrática de Oriente Próximo».

Pero JINSA es, de hecho, un grupo de presión cuyo objetivo es doble: bloquear las ventas de armas de alta tecnología al mundo árabe y mantener una corriente ininterrumpida de asistencia militar estadounidense hacia Israel. En sus documentos puede leerse, en concreto:

Estados Unidos debe velar para que Israel mantenga una superioridad tecnológica [en el terreno militar], tanto por el bien de Estados Unidos como por el de Israel. Los intereses de la seguridad de ambos países están unidos por el hecho de que Israel es la democracia más importante en esta región de dictaduras volátiles y de gobiernos inestables. Estados Unidos debe mantener también en su ánimo sus imperativos de seguridad y los de Israel antes de comprometerse a vender sofisticados sistemas de armamento o tecnología punta al mundo árabe...

Hoy, con Paul Wolfowitz y Douglas Feith en el Pentágono, sus consejos pueden ser escuchados.


Otra pieza clave del tablero es Elliott Abrams. Nombrado en diciembre de 2002 director para Oriente Próximo en el Consejo de Seguridad Nacional de la Casa Blanca a las órdenes de Condoleeza Rice, sume a los halcones en aguas especialmente turbias, de las que el grupo, con toda probabilidad, habría prescindido de buena gana. Abrams es un religioso. No el más religioso de esta administración, puesto que el tesorero del Pentágono, Dov Zakheim, es un rabino ortodoxo que enseñó en la *yeshivá* de Nueva York. Pero Abrams, de todos modos, explica en uno de sus libros que para salvaguardar su identidad en Estados Unidos, los judíos no deben centrarse en los vínculos de sangre, sino en la práctica asidua de los ritos religiosos.

Poco tiempo después de la llegada al poder de Ariel Sharón, Abrams publicó un artículo en el que explicaba que «era preciso poner fin a los años de presión estadounidense sobre Israel, durante los que se había tratado de seducir a Arafat a pesar de las promesas no cumplidas (de los palestinos)».

Dirigiéndose a quienes critican la política israelí para con esos mismos palestinos, Abrams declara que olvidan que Israel es «la única democracia» de la región y que está rodeada de «gángsteres». Este hombre, que encabeza la división para Oriente Próximo en el Consejo de Seguridad Nacional de la Casa Blanca, es el que redacta, avala o bloquea los informes sobre el conflicto palestino-israelí, antes de que éstos lleguen a Condoleeza Rice y a George Bush...

Antes de asumir el cargo, Abrams presidía la Comisión para la Libertad Religiosa en el Extranjero, encargada de inspeccionar los países donde no se respetaba la libertad de culto. Éste es el testimonio del doctor al-Marayati, miembro de esta comisión:

En primavera de 2001, decidimos efectuar un viaje a Oriente Próximo [...] vista la discriminación que sufrían las minorías cristianas. La Comisión también había observado discriminaciones en Israel contra los musulmanes, los cristianos [...] De ese modo, se había incluido a Israel en el programa. En su tiempo de presidente, Abrams acompañó a la delegación a Egipto y Arabia Saudí, pero no a Jerusalén, con el pretexto de que allí no había problemas de libertad religiosa [...] Sin embargo, una simple ojeada al informe anual sobre los Derechos Humanos publicado por el Departamento de Estado muestra que el grado de discriminación en Israel contra los musulmanes (sin mencionar los territorios ocupados) es por lo menos igual, si no peor, que el que afecta a los cristianos coptos en Egipto. [...] La Comisión publicó un informe sobre cada uno de los doce países visitados ese año... Pero no sobre Israel.

Elliott Abrams es un duro, un ultrarradical partidario de la inflexibilidad para acabar con lo que considera el enemigo irreductible de Israel: la Autoridad Palestina. Es interesante advertir que también formaba parte del equipo de *Scoop* Jackson en la década de 1970, junto con Perle, Feith y Wolfowitz...

## EL GLADIADOR

A diferencia de sus antiguos colegas, Abrams se vio implicado en asuntos especialmente oscuros y nauseabundos. Ayudante del secretario de Estado durante el mandato de Reagan, fue uno de los arquitectos de la política de Estados Unidos en Latinoamérica. Se describía a sí mismo como el «gladiador» de la doctrina Reagan en aquella región, financiando con generosidad los «ejércitos» anticomunistas que en ocasiones se entregaban a las peores atrocidades con la bendición de Washington, principalmente en El Salvador.

Abrams negó incluso que se hubiese producido una matanza, que luego se confirmó, en el pueblo de El Mozote, arguyendo que se trataba de «propaganda comunista». Después de que una comisión investigadora de las

Naciones Unidas hubo examinado las, aproximadamente, 22.000 atrocidades cometidas durante los doce años de guerra civil, y después de que esta misma comisión concluyera que la gran mayoría de los crímenes habían sido cometidos por las fuerzas proestadounidenses, Abrams declaró que «la historia de la administración [Reagan] en El Salvador era la de un éxito fabuloso».

Llamaba «víboras» a sus enemigos, y afirmaba que los miembros del Congreso que bloqueaban la ayuda de la administración a las milicias anticomunistas de Latinoamérica tendrían «sangre en las manos». El Salvador, pero también Guatemala, Nicaragua y Angola... Se acusó a Abrams de haber cometido numerosas violaciones de los Derechos Humanos durante las operaciones más turbias de la historia de Estados Unidos.

Considerado culpable de no haber divulgado algunas informaciones que el Congreso le exigía referentes a sus actividades en Centroamérica, acusado de falso testimonio durante el caso Irán-Contra, perdonado luego por el padre del actual presidente en 1992, muchos sospechan que George W. Bush lo colocó a las órdenes de Condoleeza Rice para no tener que solicitar el aval del Senado: en efecto, los nombramientos en el seno del Consejo de Seguridad Nacional son los únicos que pueden decidirse de modo unilateral por el presidente...

Según el *New York Times* del 7 de diciembre de 2002, que cita a un oficial de la administración Bush, «el ascenso del señor Abrams produjo una verdadera consternación en el Departamento de Estado. Se vivió como un obstáculo para los esfuerzos de Colin Powell. Esfuerzos que se encaminaban a trabajar de común acuerdo con Europa para [...] lograr la creación de un Estado palestino en el plazo de tres años».

Pero estas reticencias no turbaron al presidente. Como explicaba el senador Charles Shummer (NY), también en el *New York Times*: «En numerosos expedientes hay dos equipos de política exterior en esta administración. Con toda claridad, Elliott [Abrams] forma parte del más duro, el del corazón de George W. Bush...»

Cuando el 4 de diciembre de 2002 se interrogó al respecto al portavoz de la Casa Blanca, Ari Fleischer, declaró:

«Evidentemente esta administración lo eligió por el extraordinario trabajo que ha realizado para nuestro país. [...] Y creo que si miran Latinoamérica y Centroamérica [...] observarán que Elliott Abrams ha desempeñado un papel muy importante en el advenimiento de la democracia [que siguió] durante las décadas de 1980 y 1990. Nos sentimos honrados y felices de que trabaje aquí, en la Casa Blanca.»

El mismo Ari Fleischer no puede ser considerado uno de los pilares de la red neoconservadora. No se lo incluye entre los halcones —tal vez porque su trabajo de permanente contacto con la prensa impone cierta contención—, y no es, tampoco, simpatizante directo del Likud israelí. De hecho, Ari Fleischer está mucho más allá...

El portavoz de la Casa Blanca fue copresidente del Chabad's Capitol Jewish Forum, organizado por la secta jasídica de los Jabad Lubavich. Los lubavich son discípulos de la Cábala, representan una rama del judaísmo que la mayoría de los israelíes, incluso en el Likud, querrían ver extinguida. He aquí un ejemplo de las palabras dichas por el rabino Menájem Schneerson, dirigente del movimiento Jabad ortodoxo: «[...] tomen la expresión "dejad que nos diferenciemos". No estamos en el caso de un cambio profundo, en el que una persona es sencillamente de un nivel superior. Se trata, más bien, de decir "dejad que nos diferenciemos" entre [dos] especies por completo diferentes. Es lo que debemos decir con respecto al cuerpo. El cuerpo de una persona judía es de una calidad totalmente distinta de los de otra nación... Toda la realidad de un gentil es sólo vanidad. Está escrito: "Y los extranjeros tendrán que guardar y alimentar los rebaños" (Isaías 61:5). Toda la creación de los gentiles existe sólo para el bien de los judíos...»

Ari Fleischer recibió también el Young Leadership Award del American Friends of Lubavich, en octubre de 2001. Un artículo del *Baltimore Jewish Times* recogió el acto en estos términos: «La vida del portavoz Ari Fleischer, como la del resto de autoridades de la Casa Blanca, se ha hecho agotadora desde los ataques terroristas del 11 de Septiembre. Pero se tomó un descanso de algunas horas para recibir el premio que le entregó el American Friends of Lubavich, y para promover los esfuerzos emprendidos por el grupo ante el Congreso, esfuerzos que el señor Fleischer, que trabajó en el Congreso, ha apoyado desde el comienzo...»

## ASSAD, «PEOR» QUE SADDAM

Los neoconservadores no representan al conjunto de la comunidad judía e israelí, ni mucho menos. Sólo son un pequeño grupo de hombres que persiguen objetivos que ellos solos han definido, por medios que únicamente ellos controlan, y cada vez en mayor medida pues su influencia en esta administración no deja de crecer. Un hombre como Fleischer no forma parte de estos grupos, pero sus contactos con un movimiento racista, ultrarreligioso y ferozmente antiárabe muestra hasta qué punto el ejecutivo de Estados Unidos está hoy bajo la influencia de hombres que toman sus decisiones desde Washington, y que piensan actuar por el bien de un país donde no viven, Israel, aplicando políticas que a menudo chocan con las aspiraciones profundas del pueblo israelí, sometido a la guerra y al terrorismo. Las ideas de los halcones encuentran una poderosa caja de resonancia en los gabinetes ministeriales del Likud, pero mucho menos en las calles de Tel-Aviv, donde la paz se espera con fervor...

Por otra parte, el creciente poderío de este grupo de halcones ya no parece encontrar resistencia alguna en el seno de la administración. La visión más «multilateralista» y moderada de Colin Powell, el adversario declarado de los halcones, parece estar extinguiéndose pura y simplemente. El Pentágono «liberó» a finales del año 2001 a su última «paloma», Bruce Reidel, que proponía mantener una coalición más amplia en la guerra contra el terrorismo y respetar las susceptibilidades árabes con respecto a un posible ataque a Irak.

Para acabar de aislar a Colin Powell, Wolfowitz y Rumsfeld consiguieron imponerle otro personaje alineado con las ideas de los halcones: a pesar de las reticencias del secretario de Estado, se nombró a John Bolton vicesecretario de Seguridad Internacional y Control de Armamentos. Vicepresidente del American Enterprise Institute, otro grupo de investigación en el que colaboran también los mismos hombres, en concreto Richard Perle y Douglas Feith, Bolton es el autor de un artículo aparecido en la revista neoconservadora *Weekly Standard*, dirigida por William Kristol, donde precisa su visión de la

ONU, que se encuentra en las antípodas de la de Colin Powell. Sobre Kofi Annan, que intenta limitar los conflictos y promover el papel de los cascos azules, dice: «Si Estados Unidos deja que eso ocurra sin inmutarse, su posibilidad de utilizar la fuerza para promover sus intereses se verá muy disminuida en el futuro...» O también, con respecto a las gigantescas sumas que Estados Unidos debe a las Naciones Unidas: «A muchos republicanos del Congreso, el voto de la Asamblea General les importa un comino. Por otra parte, perder esta votación daría [a Estados Unidos] una razón suplementaria para dejar de pagar a las Naciones Unidas...»

John Bolton reclutó a un consejero especial, David Wurmser, amigo de Richard Perle, que colaboró también con Benyamín Netanyahu cuando éste era primer ministro. Su mujer, Meyrav, es cofundadora del Instituto de Investigación Mediática de Oriente Próximo. Este organismo, del cual es cofundador el coronel Yigal Carmón, antiguo responsable de la información militar israelí, traduce los más virulentos artículos de la prensa árabe y expone el espantoso —y real, por desgracia— antisemitismo que sacude la región.

Pero también se traducen otros artículos que parecen avenirse con las directrices de la política estadounidense en Oriente Próximo. En la portada de su página en Internet, el 24 de abril de 2003, unos días después de que Siria comenzara a surgir en los discursos de Donald Rumsfeld, se encontraba un artículo kuwaití que explicaba que el régimen de Bashir al-Assad era «peor que el de Saddam». Esta traducción no es fortuita, en la medida en que da la imagen de una opinión árabe alineada con la política de Washington, lo que es falso a todas luces: casi ningún responsable político de Oriente Próximo —y no hablemos del hombre de la calle— apoyaría una intervención militar en Siria, cuyas repercusiones serían del todo imprevisibles...

Sin embargo, Siria parece estar, en efecto, en la segunda lista negra de los halcones, elaborada por Douglas Feith a finales del año pasado. Con todo, dejando aparte Afganistán, la guerra de Irak y la caída de Saddam Hussein eran, desde hace mucho tiempo, uno de los objetivos primordiales de los halcones. Al igual que el debilitamiento de Siria.

# 7

El mismo David Wurmser, del que se habló en el capítulo anterior, fue el autor, junto con Richard Perle y Douglas Feith, de un informe ultraconfidencial titulado «Clean Break», entregado al primer ministro israelí Netanyahu en 1996, y que se articulaba en torno a dos objetivos principales, pensados en interés de Israel: desmembrar Irak y neutralizar Siria. En él podía leerse, en concreto:

Jordania ha proporcionado no hace mucho un contrapeso a las ambiciones regionales sirias al proponer la restauración de los hachemíes [la monarquía jordana] en Irak. Puesto que el futuro de Irak afectará profundamente el equilibrio estratégico de Oriente Próximo, sería comprensible que Israel apoyara la restauración del trono hachemí en Irak. En concreto, el gobierno de Netanyahu podría efectuar su primera visita oficial a Jordania, antes incluso de ir a Estados Unidos. Ofrecer un apoyo al rey Hussein para ayudarle [seguridad, información] a luchar contra la subversión siria. Alentar las inversiones extranjeras en

Jordania por medio de la influencia [de Israel] en la comunidad empresarial de Estados Unidos, para apartarle de su dependencia [actual] de Irak. Desviar la atención de los sirios utilizando elementos de la oposición libanesa para desestabilizar el control de Siria sobre el Líbano.

[...] Israel puede modelar su entorno estratégico en cooperación con Turquía y Jordania, por medio del debilitamiento de Siria. Este esfuerzo puede pasar por la destitución de Saddam Hussein en Irak —un objetivo estratégico importante, en sí mismo, para Israel—, que permita luego desactivar las ambiciones de Damasco. ¿Cómo? Creando alianzas con las tribus árabes que habitan a ambos lados de la frontera [Irak-Siria], y que son hostiles al poder sirio...»

Al margen de estos consejos de naturaleza geoestratégica, que se parecen extrañamente al «manual de uso» de la guerra actual, Perle y sus colegas van más allá. Declaran: «Vista la naturaleza del régimen de Damasco, es a la vez natural y moral que Israel abandone sus intentos de apertura *(Comprehensive Peace)* y que procure trabar el desarrollo de este país, llamando la atención sobre sus programas de armas de destrucción masiva y rechazando los acuerdos "paz por territorios" en los altos del Golán.»

Este documento contenía incluso «consejos» sobre comunicación para ganarse la simpatía y la atención de los estadounidenses durante los viajes de Benyamín Netanyahu a este país. El nuevo primer ministro, por ejemplo, tenía que formular sus objetivos políticos en un lenguaje familiar para los estadounidenses, utilizando términos que habían captado la atención de las sucesivas administraciones durante la guerra fría.

Se le aconsejó que propusiera una amplia cooperación en el campo de los tratados de defensa antibalística,
pues «eso contribuiría al apoyo del Congreso a Israel,
entre quienes no conocen gran cosa de este país, pero
están muy preocupados por la defensa antibalística».
También, según este documento, semejantes tomas de
posición podrían contribuir a la futura decisión de des-
plazar la embajada estadounidense de Tel-Aviv a Jerusalén, un tema que interesa a mucha gente en el Congreso,
«incluso a aquellos que no saben gran cosa de Israel...».

La guerra en Irak no es, pues, una decisión nueva
para los halcones de esta administración. No es el resultado de esta «investigación», que nunca satisfizo a nadie
y que debía permitir establecer, de modo indiscutible, los
vínculos entre al-Qaeda y Saddam Hussein. Constituye,
de hecho, la concreción de las más antiguas estrategias
destinadas a remodelar el equilibrio de fuerzas que prevalece hoy en Oriente Próximo.

Pero una pregunta sigue planteada tras la lectura de este
informe: ¿cuál es el verdadero objetivo de esa operación?,
¿acaso la búsqueda de los intereses estadounidenses, o el
fortalecimiento de la posición israelí en la región, llevada a
cabo de común acuerdo con el Likud? Aunque fuera así,
esta política de «fractura limpia» (el informe se titulaba
«Clean Break») está muy lejos de haber conseguido la unanimidad en Israel. Incluso muchos de quienes votaron por
el Likud en las últimas elecciones esperan ver que rena-
ce, algún día, el proceso de paz, de una forma u otra. Sin embargo, Richard Perle explica (también en «Clean Break»)
que este proceso de paz «erosiona la legitimidad de la
nación y conduce a Israel a la parálisis estratégica...».

Sea cual fuere la causa principal que los halcones intentan defender —israelí o estadounidense—, considerar el desmembramiento de una nación como Irak, que se uniría a un reino tan inestable como Jordania, como piezas de un vulgar rompecabezas, revela el grado de confianza y de irrealidad que domina a estos hombres en sus reflexiones y sus proyectos. Pero el documento entregado a Netanyahu, que detallaba los intereses israelíes y el modo de defenderlos, con la caída del régimen iraquí y el debilitamiento de Siria, se vio completado cuatro años más tarde por una versión destinada a los estadounidenses, en particular a George W. Bush. Había dos diferencias de peso con respecto al original. En primer lugar, su formulación era distinta. Utilizaba una terminología más familiar para los estadounidenses, como si sus autores (prácticamente los mismos) se hubieran aplicado los consejos que ellos mismos habían dado a Netanyahu. La segunda diferencia residía en el hecho de que el documento no mencionaba desmembramiento alguno de Irak, aunque éste ha vuelto a surgir hace pocos meses en las palabras de Wolfowitz.

Esta segunda versión «edulcorada» está pensada para complacer a sus lectores, transmitir el mensaje general y evitar meterse en consideraciones demasiado precisas. El informe fue redactado bajo la égida de otro *think tank* de Washington, el Project for the New American Century (PNAC), destinado a promover el «liderazgo global de Estados Unidos». El PNAC agrupa a los halcones proisraelíes, simpatizantes del Likud, y a miembros de la extrema derecha cristiana americana. En su página de Internet, el PNAC detalla los vínculos entre Arafat y el terrorismo, por medio de la documentación... ¡del ejército israelí! Forzoso es reconocer que existen fuentes más objetivas...

El informe del PNAC, escrito para los futuros dirigentes de la administración Bush en septiembre de 2000, se tituló: «Reconstruir las defensas americanas: estrategias, fuerzas y recursos para un nuevo siglo.» Se aprecia a las claras lo que los intentos frustrados dejaban presentir desde hacía meses pretendiendo establecer un vínculo entre Saddam Hussein y Ossama bin Laden. La lucha contra el terrorismo fue sólo un pretexto para invadir Irak. El informe declara: «Desde hace decenios, Estados Unidos ha deseado desempeñar un papel más permanente en la seguridad regional del golfo Pérsico. Mientras que el conflicto no resuelto en Irak proporciona una justificación inmediata, la necesidad de la presencia de una fuerza estadounidense sustancial en el Golfo trasciende el problema del régimen de Saddam Hussein.»

Por lo que se refiere a las fuerzas armadas de Estados Unidos, el informe las describe como «la caballería de la nueva frontera estadounidense». No es posible dejar de pensar en los consejos que los mismos hombres daban a Netanyahu: utilizar un lenguaje familiar con los estadounidenses para convencerlos. Aquí, esas frases acumulan los estereotipos (caballería, nueva frontera...) y constituyen una hermosa muestra de comunicación. Sobre todo si se juzgan a partir de la subsiguiente invasión de Irak...

Los halcones habían intentado ya en varias ocasiones hacer valer su punto de vista en las más altas esferas del poder ejecutivo. Algún tiempo después de la caída del muro de Berlín, durante la primera administración Bush, una entrevista decisiva entre Dick Cheney y Paul Wolfowitz marcó la primera victoria de los neoconservadores. Cheney, por aquel entonces secretario de Defensa, había puesto en marcha un comité de reflexión que incluía a Paul Wolfowitz y Lewis Libby, otro partidario de la guerra. El objetivo que se asignó a esos hombres era inmenso: definir las líneas generales de una nueva política exterior estadounidense, en el mundo posterior a la guerra fría. Colin Powell, por aquel entonces jefe de Estado mayor de todos los ejércitos, fue invitado a redactar un informe compensatorio que expusiese una visión del mundo y de las relaciones internacionales más moderada que la de los halcones.

Cheney decidió una fecha: el 21 de mayo de 1990. El grupo de Wolfowitz y el de Powell dispondrían de una hora cada uno para exponer sus recomendaciones. Cheney se las transmitiría luego al presidente, quien pronunciaría un discurso de capital importancia sobre la nueva política exterior de Estados Unidos.

Cuando llegó el día fatídico, Wolfowitz habló en primer lugar. A su entender, Estados Unidos tenía que modelar al resto del mundo y dejar de limitarse a reaccionar ante acontecimientos que ya se habían producido. De ese modo, podría prevenir la aparición de potencias concurrentes y asentar su supremacía... Wolfowitz superó ampliamente la hora de presentación que se le concedía a Colin Powell, pero Dick Cheney dejó que prosiguiera y desarrollara la idea fundacional que, doce años más tarde, serviría para justificar la caída de Saddam Hussein: Estados Unidos ya no puede esperar el ataque antes de replicar. Tiene que intervenir donde, cuando y como desee. Modelar los acontecimientos para no sufrirlos.

Colin Powell tuvo que marcharse sin haber hecho su exposición... El secretario de Defensa le fijó —cortésmente— otra cita, quince días más tarde. Pero el informe que Cheney hizo para George Bush padre estaba impregnado de las ideas de Wolfowitz. Powell ya había perdido...

El jefe del ejecutivo estadounidense tenía que pronunciar un discurso que hubiera debido formar parte de los anales, puesto que constituía un verdadero giro en la historia de esta nación tradicionalmente introvertida, que detesta mirar al exterior y mezclarse en los problemas del mundo. Pero la intervención de Bush, programada precisamente mientras los tanques iraquíes marchaban sobre Kuwait, quedó anulada.

Durante toda la década de 1990, la visión de los halcones pareció agudizarse, como el radar de un avión de caza que escruta un horizonte desierto, hasta que «fija» por fin un blanco y se lanza en su dirección. Su doctrina de política exterior global, basada en la anticipación de las amenazas y la reducción de las potencias concurrentes, aplicable a cualquier región y en no importa qué circunstancias, se fijó luego un objetivo más concreto: Oriente Próximo, fuente de inestabilidad perpetua y escenario de envites que superan los simples conflictos regionales.

Los vínculos, muy fuertes a veces, que unen a los halcones con Israel (la hermana de Wolfowitz reside en ese país), así como la semejanza de visiones entre esos hombres y los líderes del Likud han forjado en ellos una certeza absoluta. El interés de Estados Unidos y el de Israel están unidos. Estas dos democracias deben apoyarse a toda costa para hacer frente al mundo árabe, que ha sustituido a la Unión Soviética en el papel del adversario. Un adversario al que, si es necesario, hay que liberar por la fuerza...

## «LOS ÁRABES, INCAPACES PARA LA DEMOCRACIA»

Las palabras de Bernard Lewis, un célebre orientalista cercano a los neoconservadores, son edificantes. Según Paul Wolfowitz, «ha colocado de manera brillante las relaciones y los problemas de Oriente Próximo en un contexto más amplio, por medio de un pensamiento realmente objetivo, original y siempre independiente. Bernard [Lewis nos] ha enseñado cómo comprender la historia compleja e importante de Oriente Próximo y cómo utilizarla para guiarnos y construir así un mundo mejor para las generaciones venideras...».

Este mismo «orientalista», hablando ante el American Enterprise Institute (del que Perle forma parte, al igual que Douglas Feith y la mujer del vicepresidente Cheney), declara:

Existen dos puntos de vista predominantes en las discusiones sobre la posibilidad de establecer un régimen democrático digno de este nombre en Irak tras la partida, por cualquier método, de Saddam Hussein. La primera puede resumirse así: los árabes son incapaces de poner en marcha gobiernos democráticos. [...] Y la idea de establecer un sistema democrático en un país como Irak es, como mínimo, fantasmagórica... Los árabes son diferentes de nosotros y debemos, diría yo, ser más razonables en lo que esperamos de ellos y en lo que ellos esperan de nosotros. Hagamos lo que hagamos, estos países serán dirigidos por tiranos corruptos. El objetivo de [nuestra] política exterior será entonces asegurarse de que estos tiranos nos sean más amistosos que hostiles.

[...] El otro punto de vista es algo distinto. Parte más o menos de la misma posición, es decir, que los países árabes no son democracias y que el establecimiento de la democracia en las sociedades árabes no será cosa fácil. Pero esta vez [consideramos que] los árabes pueden aprender, y también que es posible para ellos un sistema de gobierno democrático, siempre que les proporcionemos asistencia y que nosotros [estemos a su lado para] llevarlos gradualmente por nuestro camino o, mejor sería decir, su camino.

Este punto de vista es conocido con el nombre de imperialismo. Es el método que adoptaron los Imperios francés y británico [...], que crearon gobiernos a su propia imagen. En Irak, en Siria y en otros lugares, los ingleses instauraron monarquías constitucionales y los franceses crearon repúblicas inestables. Ninguna funcionó muy bien. Aunque queda la esperanza...

¿Son acaso los árabes «incapaces para la democracia» o tal vez «pueden aprender»...? Esas espantosas palabras no son de un hombre marginal, cuyo punto de vista extremista se limite a una reducida audiencia. Richard Perle intervendrá muchas veces, con el mismo discurso. Paul Wolfowitz, como hemos visto anteriormente, no escatima elogios a Bernard Lewis, experto reconocido en todo el mundo, que trabajó durante la Segunda Guerra Mundial en los servicios de información británicos. Sin embargo, por aquel entonces, el presidente de Estados Unidos se disponía a llevar a cabo una guerra contra Irak y aseguraba que se había hecho lo necesario para evitar «el choque de civilizaciones», una fórmula inventada precisamente por Lewis antes de que la utilizase Samuel Huntington.

Ya durante el mandato de Clinton, Bagdad constituía un objetivo preferente para los halcones. En 1998, el PNAC publicó una carta abierta al presidente en la que le pedía que iniciara una acción militar unilateral, sin contar con el Consejo de Seguridad de las Naciones Unidas. La carta, que había firmado Richard Perle, pero también Donald Rumsfeld y Paul Wolfowitz, ponía de manifiesto que «la política estadounidense no puede seguir siendo paralizada e inducida a error por esa insistencia [en obtener la] unanimidad del Consejo de Seguridad».

Unos meses más tarde, otro *think tank*, el Comité por la Paz y la Seguridad en el Golfo (CPSG), pedía a Bill Clinton que reconociera un gobierno provisional iraquí, dirigido por los miembros del INC, que agrupaba a disidentes en el exilio. Este reconocimiento habría constituido, según el CPSG, el primer paso de una «estrategia política y militar que pretendía provocar la caída de Saddam y de su régimen». El INC habría de lanzar ataques desde las «zonas liberadas» en las que los aviones iraquíes tenían prohibido el vuelo, mientras la aviación estadounidense destruiría las infraestructuras militares. El plan propuesto a Bill Clinton solicitaba también el despliegue de tropas de Estados Unidos en los países circundantes, por si las cosas se ponían feas.

Además de la de Perle, que copresidía el CPSG, esta segunda carta incluía la firma de Rumsfeld, Wolfowitz, Feith, Abrams y Bolton. Esta estrategia de multiplicación de los comités, organismos y otros grupos de pensamiento es muy conocida en Washington. Un miembro del Departamento de Estado nos explicaba: «Perle y el resto de los halcones utilizan este método desde hace mucho tiempo. Da la impresión, a la opinión pública y a algunos miembros del Congreso, de que la oleada neoconservadora se transforma en una verdadera marea. Determinado centro presionará para atacar Irak, luego, al día siguiente, lo hará otro, y al cabo de una semana tu diario favorito publicará, en primera página, una carta procedente de un tercer "instituto de investigación". Todos se muestran de acuerdo. Eso impresiona. Piensas que la mayoría adopta sus opiniones. Pero es falso. En realidad, son los mismos hombres que reaparecen sin cesar, con un traje distinto. Son pocos, pero muy bien organizados y muy eficaces: ideólogos inflexibles, además de verdaderos profesionales de la comunicación...»

### ¿POR EL BIEN DE ISRAEL...?

Cuando se piensa en el expediente que redactó el PNAC para la actual administración, en las cartas abiertas a Bill Clinton y, del otro lado, en los «consejos» que se dieron a Benyamín Netanyahu, cabe hacernos una pregunta: «¿Utilizan los halcones el expediente israelí para promover sus propias ideas sobre la grandeza de Estados Unidos, que debe restaurarse a toda costa? ¿O tal vez utilizan sus actuales posiciones para apoyar la política de la derecha israelí, bajo la égida de Ariel Sharón?

Un anciano político israelí, próximo a Yitsjak Rabin y opuesto a la política de los halcones, declara:

Piensan restaurar la grandeza de Estados Unidos pero, al mismo tiempo, este poderío fortalecido servirá, según ellos, a los intereses de Israel. Porque son teóricos. Para ellos, el equilibrio de fuerzas en la región puede definirse con números y en los mapas. Para ellos, es matemático: haced que caiga Saddam, debilitad Siria y así pondréis de rodillas a los palestinos...

Pienso que, por desgracia, [en Israel] estamos viviendo el conflicto más complejo de esta época. No pueden ustedes medir nunca la resistencia de los palestinos por el rasero del número de regímenes que les son favorables. No calmarán su voluntad de cambiar las cosas debilitando Siria o derribando a Saddam Hussein. Ellos [los halcones] piensan que sí. Pero se equivocan. En Israel las cosas van mal. Modificar nuestro entorno estratégico derribando a los líderes árabes comporta riesgos inmensos, que pocos de los nuestros están dispuestos a correr. Pero el riesgo mayor es que sea totalmente inútil: el problema se encuentra más que en ninguna otra parte dentro del país, en nuestras relaciones con los palestinos. No en el equilibrio de fuerzas en Oriente Próximo...

Los israelíes lo saben. Pero los halcones, en Washington, nada sienten de este conflicto que no están viviendo directamente. Y, sin embargo, hoy son ellos quienes deciden nuestro porvenir...

A pesar de todo, semejante opinión está muy lejos de prevalecer en el gabinete del actual primer ministro, que considera que la operación Libertad Iraquí es una verdadera bicoca para Israel. Al igual que los halcones, Ariel Sharón considera que un Irak sin Saddam Hussein podrá convertirse en un interlocutor válido en las negociaciones de paz en Oriente Próximo. Además, el debilitamiento de Siria pondría entre paréntesis al enemigo declarado de Israel. Damasco, en efecto, protege a la casi totalidad de los movimientos terroristas que cubren de sangre las ciudades israelíes, entre ellos Hamás, la Yihad Islámica o Hizbolá.

Todo lo que se decide en Washington sobre Oriente Próximo, bajo la influencia de los halcones, sigue la dirección de las políticas preconizadas por Ariel Sharón. Sin embargo, no puede comprenderse de qué modo la llegada de los estadounidenses —potencia a todas luces tutelar de Israel— a Bagdad podría calmar los ánimos del pueblo palestino, cuyas reivindicaciones están muy lejos de interesar a Bagdad. Sea cual fuere el gobierno que emerja en este país, y aunque sea ferozmente prooccidental, la población nunca aceptará que sus dirigentes negocien con Ariel Sharón, pues no se tiene en cuenta el grado de rabia absoluta que suscita este personaje en todo el mundo árabe. Y la idea de los halcones —compartida por el Likud— que consiste en resolver los problemas de Oriente Próximo sin contar con las poblaciones puede mostrar muy pronto sus limitaciones. Iniciar negociaciones de paz con el actual gobierno israelí constituiría un auténtico suicidio político para los futuros responsables iraquíes. Washington no parece comprenderlo...

No contento con hacer una política regional adecuada a la derecha israelí, Estados Unidos se ensaña con el enemigo declarado de Ariel Sharón, Yasir Arafat. El senador Joseph Liebermann, durante una visita de Benyamín Netanyahu al Senado de Estados Unidos el 10 de abril de 2002, se hizo eco de un punto de vista que prevalece, ampliamente, en Washington: «Los asesinos suicidas que actúan en Israel son de la misma calaña que quienes mataron a tres mil estadounidenses el 11 de Septiembre. Yasir Arafat ha tomado como rehén la legítima causa de los palestinos [...] Nadie está mejor posicionado para hablar [del problema] que Benyamín Netanyahu», que representa el ala dura del Likud.

Es interesante observar que Netanyahu sigue, una vez más, los consejos que Richard Perle y Douglas Feith le dieron en el expediente «Clean Break», puesto que su discurso no se centra en los problemas israelíes: los vincula a los atentados del 11 de Septiembre para que su público estadounidense se sienta «implicado». Sin embargo, al-Qaeda no ha cometido aún atentados en suelo israelí, y los movimientos terroristas palestinos nunca han sido activos en Estados Unidos. Pero esta realidad indiscutible no impide a Netanyahu declarar: «Si no cerramos las fábricas de terroristas apoyadas por Arafat, estas fábricas que producen verdaderas bombas humanas, entonces es sólo cuestión de tiempo que estos kamikazes aterroricen sus ciudades, aquí, en Estados Unidos...»

Este chantaje del terror es especialmente eficaz en un país, Estados Unidos, que sigue bajo los efectos del 11 de Septiembre. Sobre todo si permite justificar, en el contexto israelí, la aplicación de la doctrina de «guerra preventiva» que adoptaron los halcones en Afganistán y en Irak...

Netanyahu acudió aquel mismo día al American Enterprise Institute, punto de encuentro de los neoconservadores. En su discurso, explicó que «el régimen de Arafat debe eliminarse junto con todos los que lo apoyan, especialmente Bagdad. Nada menos «[que semejante medida] detendrá al terrorismo. ¡Manos a la obra, pues!».

## «UN PRESIDENTE RESUELTAMENTE NO INTELECTUAL»

Como puede verse, la política de Estados Unidos en Oriente Próximo está en completa simbiosis con las aspiraciones del Likud. ¿Coincidencia o voluntad de servir, desde Washington, los intereses que defiende la derecha israelí?

Es difícil opinar. Pero podemos afirmar que los halcones ven la política del Likud como la única capaz de restaurar la estabilidad en Israel y, al mismo tiempo, en toda la región. Y ello porque Ariel Sharón aplica a Israel el remedio que Richard Perle y sus acólitos intentan aplicar en Oriente Próximo, en su conjunto: derribar las estructuras existentes, de arriba abajo, para lograr un terreno más favorable a sus intereses.

Uri Averny, fundador de Gush Shalom, una organización que milita por el diálogo entre israelíes y palestinos, declaraba con respecto a los halcones y su política:

> El estilo me parece vagamente familiar. En la década de 1980, escuché varios planes análogos [bosquejados por] Ariel Sharón. [...] Su cabeza estaba llena de grandes planes para reestructurar Oriente Próximo, crear una zona de seguridad israelí que se extendiera desde Pakistán al África central, destituyendo regímenes e instaurando otros nuevos, y desplazando poblaciones enteras. [...] Los vientos que hoy soplan en Washington me hacen pensar en Sharón. No tengo, claro está, prueba alguna de que los hombres de Bush hayan tomado de él sus ideas [...]. Pero el estilo es el mismo: una mezcla de megalomanía, creatividad, arrogancia, ignorancia y superficialidad. Una combinación explosiva.

Los grandes proyectos de Sharón se han derrumbado, como sabemos. [...] Sharón, sencillamente, no ha comprendido las corrientes reales de la historia. Y tengo miedo de que la pandilla de los Bush, Cheney, Rumsfeld, Rice, Wolfowitz y Perle sufra del mismo mal...

Pero el apoyo del gobierno israelí es total, y público incluso. En el mes de agosto de 2002, el viceministro de Defensa israelí declaraba sobre Irak: «Si los estadounidenses no lo hacen ahora, en el futuro resultará más difícil. Como viceministro, puedo decirles que Estados Unidos recibirá toda la asistencia que necesite de parte de Israel.»

Pero, de momento, es más bien Israel el que recibe una ayuda total de Estados Unidos en su persecución de un nuevo orden regional. Wolfowitz, considerado uno de los arquitectos principales de la guerra contra Irak, ha conseguido una sorprendente influencia ante el presidente, sobre todo dada la posición que ocupa (sólo es el número 2 del Pentágono). El hombre al que el presidente llama «Wolfie» se ha convertido en un interlocutor directo de George W. Bush. El *New York Times Magazine* declara: «La tendencia moralizadora de Wolfowitz puede explicar su afinidad con este presidente, [...] resueltamente no intelectual [...] Un alto responsable que los observó declara que Paul Wolfowitz y George Bush se refuerzan mutuamente en su creencia en una "transformación estratégica de toda la región".»

En la sorprendente colusión de intereses entre Israel y Estados Unidos, existen hechos turbadores. Algunos altos responsables, incluso en el seno de la administración de Bush, se preguntan por el papel directo de Israel en la entrada en guerra de Estados Unidos.

El FBI, por ejemplo, acaba de anunciar que exploraba la posibilidad «de que un gobierno extranjero lleve a cabo manipulaciones destinadas a aumentar el apoyo a una campaña militar contra Irak». En efecto, todo el mundo recuerda las «pruebas irrefutables» que Estados Unidos ha prometido incansablemente aportar por lo que se refiere a la fabricación de armas de destrucción masiva. Pruebas que no convencieron a nadie, tan débiles eran y sujetas a controversia...

«Claramente, se alude a Israel...», nos dijo un responsable del Mossad. «Pero, que yo sepa, nunca hubo operación destinada a inducir a error a Estados Unidos, a manipularlo para que entrara en esta guerra. Los riesgos serían demasiado importantes para nosotros, si el asunto se revelaba algún día al público. Los documentos que Colin Powell mostró en las Naciones Unidas no procedían de Israel. Pero existe una cooperación interservicios. Y, con el gobierno actual, las informaciones transmitidas a los servicios estadounidenses debían de resaltar, sin duda, la idea de un peligro inmediato. Hablando claro, las informaciones eran ciertas aunque, sin duda, algo "seleccionadas" en su origen. El Likud nada hizo para tranquilizar los ánimos y contener a Estados Unidos. Eso no le interesaba...»

El interés de Israel o, más bien, el de los «duros» como Sharón y Netanyahu, parece ser el primer dato que tiene en cuenta Estados Unidos, ya que lo que más sorprende al observador actual es que la historia de este conflicto se escribió siete años antes.

La caída de Saddam Hussein se ha producido. Y, ahora, ¿qué hacer con Irak? O, más bien, ¿cómo podría Israel —según el Likud y sus halcones— beneficiarse de esta nueva situación? En 1996, los hombres que están hoy en el Pentágono pensaban anexionar Irak a Jordania. Pero en octubre de 2002, el grupo de análisis y de previsiones estratégicas STRAFOR revela que Dick Cheney está pensando en dos opciones referentes a Irak: integrarlo en la vecina Jordania (como en «Clean Break») o dividirlo en tres estados: uno autónomo, otro unido (de nuevo) a Jordania y el tercero, la zona chií, integrado en Kuwait.

Es extremadamente difícil seguir la lógica de Estados Unidos. Si descartamos a Israel, ¿quién puede estar interesado en que el enorme Irak sea unido de facto al único país «amigo» del Estado hebreo en la región?

Irak es chií en su mayoría, el 60 %. Las relaciones entre chiíes y sunníes pocas veces son cordiales. Pues bien, Jordania y Kuwait son en su práctica totalidad sunníes. ¿Cómo esperar que semejante injerto pueda tener éxito? Y, sobre todo, ¿por qué tomarse tanto trabajo? El emplazamiento de un régimen democrático estable en el actual Irak será ya lo bastante problemático.

Además, los estadounidenses intervinieron en el Golfo en 1991 después de que Saddam Hussein hubiera invadido Kuwait, alegando —con razón— que ese microestado siempre había permanecido unido a Irak. La comunidad internacional se mostró unánime en su condena. Hoy, Washington quisiera unir Irak a sus vecinos... Lo que no tiene mayor legitimidad.

«Se oye hablar mucho de estos planes en Washington», confiesa un experto. «Dividir Irak en fragmentos... Pero, con franqueza, el sentimiento general puede resumirse así: "No se atreverán." Muy poca gente cree que los halcones puedan llegar tan lejos. Sería la gota que colmaría el vaso...»

Es muy probable. No hay que olvidar que los hombres que redactaron «Clean Break» son teóricos, que conciben la política desde un punto de vista totalmente abstracto y, a menudo, separado de las realidades sobre el terreno. Al escribir el informe para Netanyahu, plasmaban sus ideales en el papel y los destinaban a una nación que ellos no dirigían. Hoy ocupan los puestos claves del país más poderoso del mundo, y la realidad les toca ya de cerca.

Pero el mero hecho de pensarlo muestra hasta qué punto los intereses de Israel (al menos tal como ellos los contemplan) les son preciados. No les importa, por lo demás, si eso comporta riesgos desmesurados para este país.

## WASHINGTON ATACA LOS OBJETIVOS EQUIVOCADOS

Israel no ha dejado de correr riesgos: un oficial británico revelaba al semanario *Newsweek*, en agosto de 2002: «Todo el mundo quiere ir a Bagdad. Pero los hombres, los de verdad, quieren ir a Teherán.» El gran diario israelí *Haaretz*, en febrero de 2003, declaraba que John Bolton había revelado a un responsable israelí que, tras haber terminado con Irak, Estados Unidos se encargaría de Irán, de Siria y de Corea del Norte.

Las cosas se complicarán seriamente para el Estado hebreo cuando los estadounidenses vuelvan sus ojos hacia Damasco, pues si el conflicto que oponía a Estados

Unidos y a Saddam Hussein nunca se había resuelto realmente, y puesto que George W. Bush disponía así de un pretexto adecuado (también declaró: «a fin de cuentas, él [Saddam Hussein] intentó matar a mi papá», aludiendo al atentado frustrado de 1993), atacar Siria será mucho más difícil de justificar. Si se envía a los soldados a este país, resultará cada vez más evidente que Estados Unidos hace la guerra de vecindad que Israel no puede permitirse. Pues el vínculo entre al-Qaeda y Siria está (¡muy!) lejos de haberse establecido. Se escucha a Donald Rumsfeld repetir la cantinela de las armas de destrucción masiva, pero nadie se engaña ya.

Siria está en la lista negra de Estados Unidos porque los halcones lo han decidido. Y también ahí surgen las preguntas. Existen varios países en los que la organización de Ossama bin Laden tiene fuerte implantación: Somalia es un verdadero remanso de paz para al-Qaeda, y ninguna agencia de información del mundo lo negará. Pero van a atacar Siria... Damasco alberga terroristas tan peligrosos como los de al-Qaeda, pero sus acciones se centran en Israel. De ese modo, cualquier operación militar estadounidense en este país se verá como una grosera manipulación, que pretende eliminar a los adversarios que el Likud no puede atacar de frente.


Si eran poco comprensibles los verdaderos motivos de una guerra en Irak después del 11 de Septiembre, las amenazas que planean sobre Siria complican más aún el razonamiento. Hablando claro, Washington ataca los objetivos erróneos. Dos regímenes que nada tienen de simpáticos pero que, pese a todo, hasta ahora, son del todo ajenos a los terribles atentados que se cometieron hace dos años. A pesar del diluvio de fuego y de la magnitud de la respuesta, los muertos del World Trade Center, del Pentágono y del avión de Pensilvania no han sido vengados.

Después de Afganistán, tanto Somalia, como Yemen y Sudán habrían sido, sin duda, objetivos más adecuados, si de verdad los halcones atacaran a al-Qaeda.

Los beneficios que espera la derecha israelí tras estos conflictos es un tema que los halcones y sus aliados intentan confirmar con la mayor discreción. A finales del año pasado, el *New York Times* desvelaba la existencia de un documento revelador, que aconsejaba a los responsables israelíes y judíos estadounidenses que se mantuvieran prudentes con respecto a la campaña iraquí:

«Si su objetivo es el cambio de régimen [en Irak], deben prestar mucha más atención a su lenguaje, debido a las potenciales repercusiones. Ustedes no desean que los estadounidenses piensen que la guerra en Irak se inició para proteger a Israel más que a Estados Unidos. [...] Dejen que los políticos de Estados Unidos defiendan [la guerra en Irak] en el Congreso y en los medios de comunicación. Dejen que la comunidad internacional discuta en las Naciones Unidas. Su silencio centrará la atención de todo el mundo sobre Irak y no sobre Israel.»

Con toda claridad, mostrándose prudentes evitarán la molesta pregunta: ¿A quién beneficia la guerra...? No a Israel, en todo caso, que corre el riesgo de cargar con los gastos de esta experiencia. Sino más bien a los partidarios de la fuerza, en Washington y en Tel-Aviv. Dos grupos:

– En Israel, a los duros del Likud, héroes algunos de ellos de las numerosas guerras a las que ha debido enfrentarse el Estado hebreo, convencidos de que tanto el terrorismo como quienes lo apoyan deben erradicarse. Convencidos también de que la negociación no relajará las tensiones, o que sólo lo hará tras una demostración de fuerza israelí clara y decisiva.

– En Washington, a ideólogos que nunca en su vida han tocado un arma, que nunca han conocido la guerra, pero que la manejan como un concepto intelectual especialmente seductor. Son los hombres más influyentes del entorno del presidente Bush. Ostentan un poder inmenso. Convencidos de que actúan por el bien de Israel, la guerra que libran en nombre de Estados Unidos, tal vez con sinceridad, sirve por completo a los puntos de vista de sus homólogos, los halcones israelíes. Y precisamente por esto pone en grave peligro el porvenir del Estado hebreo.

Esta situación abre la puerta a todas las derivas y a todas las interpretaciones, sea cual fuere el resultado de las batallas que se entablen. Si Estados Unidos y su fuerza militar se perciben como apéndices de la derecha israelí en la zona, los sueños de democracia y progreso en Oriente Próximo no tardarán en quedar enterrados. Peor aún, la situación podría volverse incontrolable de inmediato. Y, bajo la presión de su opinión pública, Estados Unidos se limitaría a abandonar la zona, como hizo en Vietnam y en Somalia. Los israelíes, en cambio, están condenados a quedarse.

# 8

Prueba suplementaria de que la política de los halcones no se lleva a cabo en interés general de Israel, sino en el del Likud, es que este partido utiliza las organizaciones de los neoconservadores y de la extrema derecha cristiana en Estados Unidos para financiar sus campañas electorales. El 8 de enero de 2001, se organizó una concentración de más de 250.000 personas a instancias de la fundación One Jerusalem, que milita por el reconocimiento de esta ciudad como capital indivisible de Israel. Se sucedieron las intervenciones que fustigaban las iniciativas de paz de Ehud Barak. Entre los oradores estaba Ehud Olmert, alcalde de la ciudad y miembro muy influyente del Likud, que luego fue viceprimer ministro y ministro de Industria y de Comercio. A su lado, Ronald Lauder, heredero de Estée Lauder, que estaba por aquel entonces a la cabeza de la confederación de los presidentes de asociaciones judías estadounidenses, también partidario acérrimo del Likud y de Ariel Sharón.

A un mes de las elecciones que debían situar a éste en el poder, los discursos adoptaban el aspecto de una verdadera campaña electoral a favor de la derecha. Ronald

Lauder, de regreso a Estados Unidos, fue vivamente criticado por sus homólogos, a quienes representaba durante el acontecimiento, por su actitud partidaria y militar.

Al día siguiente, el *Jerusalem Post* declaraba que el «controlador general» se interesaba seriamente por el mitin, y ello porque One Jerusalem se presenta como una organización caritativa. Por esta razón le está prohibido apoyar a un partido o un candidato durante las elecciones. Ahora bien, las virulentas críticas que se formularon contra los laboristas, las ideas que preconizaron los participantes, así como su pertenencia o su proximidad al Likud creaban una situación como mínimo paradójica: una organización apolítica que aclamaba los posicionamientos de Sharón, y fustigaba los de Barak, nada tenía de neutral, sobre todo un mes antes de las elecciones.

¿Y a quién encontramos entre los miembros fundadores de esta organización? A Douglas Feith, vicesecretario de Defensa en la administración Bush. A su lado, el director de One Jerusalem es un hombre en el que debemos fijarnos unos instantes, para comprender qué escuela de pensamiento parece seguir el actual número 3 del Pentágono. Yehiel Leiter fue el autor de un panfleto sobre los acuerdos de Oslo —que permitían esperar una solución pacífica del conflicto— titulado: *Una paz rechazable*. Por otra parte, en mayo de 1944, publicó un artículo extremadamente pernicioso en el *Jerusalem Post* que evocaba los riesgos de asesinato a los que se exponía Rabin si proseguía su política de paz: «El gobierno lanza un mensaje: el número de vidas judías sacrificadas nunca será demasiado grande para aplicar su programa político. [Ahora bien] este mensaje no cuenta con el apoyo de más de la mitad de la población... Pero los argumentos racionales no serán suficientes para prevenir el primer asesinato [político] israelí [perpetrado] en suelo israelí...» Leiter se pregunta también, en el mismo artículo: «¿Acaso es posible hoy, en Israel, el asesinato político? Nos gustaría, desesperadamente, responder que no. Sin embargo, la posibilidad de una acción depravada, emprendida por los extremistas judíos, ya no puede desdeñarse...»

## UNA MARAÑA INEXTRICABLE

Aunque no avale esta eventualidad, la tesis de Leiter la evoca de todos modos como un creciente peligro, «mientras el gobierno insiste en el camino de la división». Una forma de chantaje indirecto que, sin implicarle, amenaza, en cualquier caso, a quienes trabajan por la paz. Ya sabemos qué ocurrió poco después con su más acérrimo defensor, Yitsjak Rabin...

Douglas Feith es uno de los fundadores de la organización que hoy dirige Yehiel Leiter. Constituye sólo uno de los eslabones de una inextricable maraña de fundaciones «benéficas» que realizan la conexión entre la extrema derecha israelí y sus apoyos en Estados Unidos. New Jerusalem es un ejemplo más sorprendente aún: fundada en 1998 por el alcalde Ehud Olmert con el fin de recaudar fondos para la ciudad de Jerusalén, esta fundación genera sumas colosales destinadas a distintos proyectos, a cuál más difícil de verificar. La concejal, Anat Hoffman, miembro del partido de centro izquierda Merets, explica que «no hay transparencia alguna en este expediente».

En la primavera de 2002, Olmert fue a Tejas, donde obtuvo para su fundación más de 400.000 dólares de la extrema derecha cristiana, convencida por los escritos religiosos, como hemos explicado ya, de que Israel sólo pertenece al pueblo judío. Y sobre todo de que su completa reimplantación en esta tierra constituye la condición indispensable para el advenimiento del fin del mundo.

Olmert es uno de los engranajes de estas «donaciones» que proceden de los extremistas cristianos. «Va a Estados Unidos más a menudo que cualquier otro responsable de este país», nos aseguraba un periodista israelí. Y las sumas que consigue recaudar son considerables. Por ejemplo, el 15 de octubre de 2002, Olmert participó en otra «cumbre de oración por Jerusalén» en San Diego, a mil dólares el cubierto, que le proporcionó casi medio millón de dólares en una velada. Cuatro días antes, en Washington, una cena de «solidaridad cristiana con Israel» se celebró con asistencia del senador tejano Tom De Lay, también en beneficio de las organizaciones «benéficas» del alcalde de Jerusalén...

New Jerusalem fue durante mucho tiempo una fundación fantasma, sin la menor existencia legal en Israel. Esto permitía una mayor flexibilidad en la distribución de los fondos procedentes de Estados Unidos, tanto que el *Jerusalem Post* escribía, el 9 de abril de 2000: «Algunos miembros de la oposición [en el ayuntamiento de Jerusalén] temen que el alcalde no haya inscrito las actividades de su fundación porque se haya servido de ella con el fin de obtener fondos para sus propias necesidades políticas...»

Mientras que la fundación de Ehud Olmert seguía en el limbo, e iba a seguir allí mucho tiempo, vio cómo en Estados Unidos le concedían el estatuto de organización caritativa, algo que la liberaba de cualquier impuesto.

Aunque no tuviera presencia física alguna en el país, salvo por su representante estadounidense, Garry Wallin, tesorero también del American Israeli Public Affairs Comittee (AIPAC: la organización de *lobbying* proisraelí «oficial» en Estados Unidos), y presidente de la fundación Gush Etsión, como homenaje a las primeras colonias de pobladores que se implantaron en esta región palestina tras la guerra de 1966.

Este hombre se encarga de que el dinero llegue a Israel, donde luego lo administran Raviv y Uri Messer, los consejeros «jurídicos» de Ehud Olmert. Según el propio Raviv, la fundación New Jerusalem trabaja con el rabino Yeshiel Eckstein, de la Cooperación Cristiana y Judía, un organismo con sede en Chicago y en Jerusalén.

Aunque no pueda verificarse, Eckstein declaró a la prensa que había obtenido más de treinta millones de dólares en donativos, principalmente en Estados Unidos, desde 1993. Esther Levin, la presidenta de una asociación «competidora» (la National Unity Coalition for Israel), pretende que Eckstein repatría más de treinta millones de dólares al año y que el dinero se canaliza luego hacia destinos desconocidos.


Sea como sea, Ariel Sharón nombró al rabino embajador para las relaciones públicas con la comunidad cristiana internacional. Sus relaciones suponen un capital inestimable en la medida en que las donaciones de los ultrareligiosos cristianos de Estados Unidos no dejan de aumentar. Como sus ideas les llevan naturalmente hacia el Likud, más que hacia los laboristas y demás miembros del campo de la paz, las fundaciones y las cenas de oración del alcalde de Jerusalén tienen ante sí un espléndido porvenir.

En los documentos oficiales destinados a los servicios fiscales de Estados Unidos, se descubre que One Jerusalem (fundada por Douglas Feith) tiene la sede en el número 136 de la calle 39 Este, en el East Side de Manhattan. Ahora bien, este banal y discreto edificio alberga también One Israel y B'nai Zion. La primera es una fundación caritativa, pero exclusivamente destinada a los colonos de los territorios palestinos. Se explica allí, de modo sorprendente, cómo se utilizan los donativos para comprar sistemas de visión nocturna o, también, vehículos blindados para los «pioneros» de Hebrón, de Gaza y de otros lugares.

La segunda, B'nai Zion, es una de las más antiguas y más radicales organizaciones judías de Estados Unidos. Fundada en 1908, se convirtió en la década de 1920 en el escaparate del movimiento de Vladímir Jabotinski, padre del «sionismo revisionista» cuyas tesis particularmente radicales ejercieron gran influencia en el pensamiento de Menájem Beguin. Escribía, por ejemplo: «No había desacuerdo entre los judíos y los árabes. Sólo un conflicto natural [...] No será posible acuerdo alguno con los árabes palestinos. Sólo aceptarán el sionismo cuando se vean frente a un "muro de acero", cuando adviertan que no tienen más alternativa que aceptar la implantación judía.»

B'nai Zion financia las colonias judías de Cisjordania, ultrarradicales. Uno de sus miembros más influyentes, Milton Shapiro, es también tesorero nacional de los Amigos del Likud en Estados Unidos...


Según una encuesta de la *Executive Intelligence Review*, se sospecha que Omrí Sharón, el hijo de Ariel Sharón, utilizó una de las ramas de B'nai Zion para financiar la campaña de su padre. B'nai Zion también fundó en Estados Unidos una organización de apoyo a la Red Magen David Adom, una cruz roja israelí a la cual el Comité Internacional de la Cruz Roja no reconoce porque trabaja en el seno del ejército durante sus operaciones en los territorios palestinos. La organización, siempre de acuerdo con la EIR, se utiliza para repatriar el dinero extranjero a través de un banco chipriota.

En 2001, en Estados Unidos, algunas sociedades pantalla habrían permitido, así, transferir fondos al Likud a través del consejero de campaña de Ariel Sharón, Art Finkelstein. En esta nebulosa se menciona otro nombre: el de Ariel Genger, amigo personal de Ariel Sharón y emisario secreto de éste en la Casa Blanca, especialmente bien introducido en la administración Bush. Este hombre de negocios, próspero antaño, declaró la quiebra de sus dos sociedades químicas para eludir una deuda de 224 millones de dólares. Sin embargo, sigue siendo miembro de un fondo de inversión, el Challenge Fund, que financia de modo muy generoso las empresas israelíes de alta tecnología.

Hace veinte años, en la época del Irangate, algunas de estas organizaciones se beneficiaron «por accidente» de una transferencia de fondos procedente del sultán de Brunéi, que ofrecía 10 millones de dólares a Washington para armar en secreto a la Contra nicaragüense. Y ello justo tras haberse entrevistado con un alto cargo estadounidense en Londres. Este misterioso emisario, que había ido a la capital británica con una identidad falsa, se llamaba en realidad... Elliott Abrams. El actual halcón de la Casa Blanca, amigo de Feith, Perle y Wolfowitz.

El discurso de los halcones sobre la grandeza de Estados Unidos que debe ser restaurada, sobre la lucha contra el terrorismo y las armas de destrucción masiva se ve, en efecto, seriamente empañado por sus anteriores reflexiones. Cuando, en 1996, explicaban a Benyamín Netanyahu cuáles eran las políticas de seguridad regional que podían asegurar la estabilidad del Estado hebreo, proporcionaban una guía muy —¡demasiado!— completa de la estrategia estadounidense actual, dando hoy la impresión de que el 11 de Septiembre y el «acoso» a Ossama bin Laden le sirven sólo de cómodo pretexto para aplicar aquello en lo que soñaban desde hacía años. Tras las tragedias de Nueva York, Washington y Pensilvania, su concepto de «guerra preventiva» se ha convertido en el hilo conductor del presidente Bush. Pero ese documento de 1996, destinado a Israel, muestra que Estados Unidos no es la única preocupación de los halcones.

Su honestidad política puede cuestionarse, en la medida en que este doble objetivo, que consiste en promover simultáneamente los intereses estadounidenses e israelíes, corre el riesgo de resultar incompatible. Para Washington, que al parecer lleva a cabo una guerra de liberación en el mundo árabe, un apoyo incondicional a la derecha, e incluso —en el caso de algunos partidos agrupados en torno a Ariel Sharón— a la extrema derecha israelí, representa la peor opción para ganarse la simpatía de los pueblos y los dirigentes de esa zona. Los halcones lo saben. Pero no por ello dejan de aplicar las distintas fases de «Clean Break», justificándolo con una supuesta lucha antiterrorista en la que cada vez es más difícil creer.

Más aún: no están vinculados a Israel, sino a las organizaciones más virulentas y más opuestas a la paz. George W. Bush no lo ve, o se niega a admitirlo. O le importa bien poco. Pero las tres posibilidades acarrean las mismas consecuencias: un gradual e inexorable endurecimiento del mundo musulmán ante una potencia extranjera que pretende, a toda costa, llevar a cabo sus objetivos en la región. Con lo que muchos llaman ya los «hombres de Sharón» a la cabeza del Pentágono, la situación sólo puede evolucionar a peor.

«Recapitulemos —nos declara, aunque desea guardar el anonimato, un alto responsable del Departamento de Estado—: Perle ha conseguido derribar a Saddam [Hussein]. Amenaza a Irán y Siria. Arabia Saudí está también en su punto de mira, y Egipto comienza a sentirse incómodo. Si eso no es una guerra contra el mundo musulmán, ¡dígame qué es!»

En efecto, el verano pasado, el Defense Policy Board que presidía por aquel entonces Richard Perle organizó una sesión como mínimo sorprendente, en la que un hombre llamado Laurent Murawiec, investigador en la RAND Corporation, presionó a la administración para que declarase a Arabia Saudí enemiga de Estados Unidos y le «dirigiese un ultimátum para que deje de apoyar el terrorismo». Sin ello, explicaba Murawiec, «a este país se le confiscarían sus campos de petróleo y sus propiedades en Estados Unidos».

Arabia Saudí no proporciona ningún apoyo directo a al-Qaeda. Es el último país del que puede sospecharse eso, en la medida en que Ossama bin Laden está allí condenado a muerte en rebeldía, por su odio abiertamente declarado a la monarquía que ocupa el poder, un odio que los distintos príncipes de la familia real, para quienes representa un enemigo declarado, le devuelven. Pero, junto a eso, cierto es que Arabia apoya todos los movimientos terroristas que actúan en Israel —salvo Hizbolá—, y que este país es con toda probabilidad uno de los más virulentos en materia de antisemitismo y de odio racial contra el pueblo judío. En los numerosos maratones televisivos organizados por la cadena nacional, en favor de los palestinos, pudo oírse, por ejemplo, a un famoso imán que decía: «No respetéis nada de los judíos: ni su religión, ni su alma, ni su carne. Tomad a las mujeres judías porque fueron hechas para vosotros, y reducidlas a la esclavitud...»

El sistema político y social de este país, sin embargo, nunca impidió a Estados Unidos considerar a Arabia Saudí un aliado permanente en la región. Aunque el integrismo religioso de esta monarquía explique por qué los piratas del aire eran, en su mayoría, saudíes, carece de todo fundamento creer que la familia real haya podido avalar las actividades de al-Qaeda. Seamos claros, los gobernantes no apoyan el terrorismo del que Estados Unidos fue víctima. Sin embargo, Laurent Murawiec propone embargar su petróleo y congelar sus propiedades en Estados Unidos, un modo indirecto de garantizar su destitución...

¿A quién beneficiaría semejante situación? Si Arabia Saudí tuviese un gobierno «dócil» y si el maná financiero del petróleo dejara de alimentar las arcas de Hamás o de la Yihad Islámica, podemos apostar a que la resistencia palestina se vería muy menguada.

Una vez más, las palabras de los halcones parecen más

destinadas a allanar el camino de las estrategias duras del Likud que a perseguir a los terroristas del 11 de Septiembre.

Murawiec, el hombre que daba la cara, tenía una importancia relativa, y Perle declaró a la revista *Time*: «Yo ignoraba lo que iba a decir. Sólo sabía que había llevado a cabo serias investigaciones sobre Arabia Saudí.» Para el responsable del Departamento de Estado antes citado, «Perle sabía que estaba metiéndose en un terreno especialmente peligroso al mencionar a Arabia Saudí. Quería lanzar la idea pero mantener abierta una puerta de salida. Mandar a Murawiec como explorador, sin apoyo, le ofrecía justo esa oportunidad»... En efecto, las cosas salieron mal. La sesión del Defense Policy Board provocó un verdadero zafarrancho de combate, una crisis grave entre Washington y Riad, y la RAND se desvinculó de Murawiec. Y el asunto quedó olvidado. Pero el episodio revela, de todos modos, hasta qué extremos están dispuestos a llegar estos hombres, en términos de ampliación del conflicto actual...

# 9

Los interrogantes acerca de la lealtad de algunos halcones van mucho más allá de su simpatía por Israel. En marzo de 2003, el periodista estadounidense Seymour Hersh, del *New Yorker*, veterano del periodismo de investigación, revelaba que Richard Perle era uno de los socios de la empresa Trireme, que invertía sobre todo en «tecnología, bienes y servicios que tuvieran interés para la defensa y la seguridad interior».

Un año más tarde, Trireme había conseguido 45 millones de dólares; 20 de ellos procedían del constructor aeronáutico y militar Boeing. Pero Perle y sus socios seguían buscando otros inversores. Para ayudarlos, apelaron a uno de los hombres más controvertidos del mundo de los negocios, Adnan Khashoggi. Este saudí de sesenta y siete años había amasado, antaño, una fortuna considerable como intermediario de la familia real en los contratos de armamento que se firmaron con empresas de Estados Unidos y Europa. Sus contactos y su talento de negociador le habían convertido en una verdadera garantía de éxito para un fondo de inversiones en busca de nuevos capitales.

Gerald Hillman, que se encarga de la gestión directa de Trireme en los locales de la empresa en Nueva York, se entrevistó por primera vez con Khashoggi en París, acompañado por un industrial saudí de primer orden, inversor potencial y —sobre todo— natural de Irak.

Y todo empezó con un malentendido, voluntariamente mantenido por los estadounidenses. El hombre, llamado Harb Zuhair, veía en el negocio la oportunidad de dirigirse a los responsables norteamericanos para comunicarles su punto de vista y —más importante— las informaciones que recogía durante sus numerosos viajes a Irak. Zuhair tenía acceso a las más altas esferas del poder iraquí, y tal vez al propio Saddam Hussein. Estaba convencido de que una solución negociada seguía siendo posible: el asunto tiene lugar en diciembre de 2002 y esta reunión de inversores constituyó una plataforma ideal. Dijo a los responsables de Trireme: «Si tenemos paz, nos será más fácil conseguir cien millones de dólares. Podremos contribuir así al desarrollo de la región...»

Trireme y sus accionistas, por su parte, deseaban fondos, y por qué no procedentes de Arabia Saudí. No creyeron ni por un momento en el interés de una discusión política con Zuhair, aunque Gerald Hillman formara también parte del Defense Policy Board, el influyente organismo del Pentágono presidido por Perle.

Sabían, sin embargo, que los contratos dependían de la voluntad de Zuhair, y que una negativa categórica haría que se esfumaran los cien millones de dólares prometidos. Había que participar en el juego. Y eso es exactamente lo que se hizo.

En los días siguientes a la entrevista de París, Hillman redactó un memorándum de doce puntos, fechado el 26 de diciembre de 2002, que estipulaba, en concreto, que

Saddam Hussein tenía que admitir haber «desarrollado y poseído armas de destrucción masiva». Exigencias que adoptó oficialmente la administración Bush dos meses más tarde. El memorándum concluía: «Pienso que si Estados Unidos obtuviera [la satisfacción en los doce puntos mencionados] [...], no iniciarían una guerra contra Irak, y se autorizaría a Saddam Hussein a abandonar el país con sus hijos y algunos de sus ministros.»

El memorándum no tenía la menor legitimidad oficial. No era fruto de debate alguno en el seno de la administración, y Hillman no esperaba nada de él en el ámbito diplomático. Se trataba sólo de dar el pego al iraquí-saudí, esperando que llegaran las inversiones.

Una semana más tarde, Hillman envió un segundo memorándum: «Tras nuestras recientes discusiones, hemos imaginado un test inmediato que permitiría verificar si Irak es sincero.» Cinco nuevas condiciones se habían agregado al texto. Zuhair las calificó de absurdas y a Khashoggi —fino sabueso de las negociaciones internacionales— le parecieron divertidas y casi estúpidas.


UNA COLEGIALA PARA ESCRIBIR MEMORÁNDUMS

Aquel contenido de aficionado se explica fácilmente: por increíble y delirante que pueda parecer, Hillman reconoció que había pedido que le ayudara su hija, una colegiala, para escribir esos «memorándums» que trataban del porvenir del mundo y de que la única superpotencia del planeta iniciara una guerra en Oriente Próximo. Perle —según Hillman— no estaba al corriente de estas cartas cuando se enviaron a los saudíes. Pero luego supo de ellas y no hizo comentario alguno.

Al día siguiente del segundo memorándum, se organizó un almuerzo en Marsella, con Khashoggi, Zuhair, Perle y Hillman. Perle actuaba de «cebo», para utilizar los términos de Khashoggi, quien se lo confesó al periodista Seymour Hersh. Zuhair quería discutir el montaje financiero en beneficio de Trireme pero, sobre todo, el porvenir de Irak. Perle inició la discusión explicando, de modo sorprendente, que él se colocaba por encima del dinero y que le interesaba más la política... «Y los negocios —dijo— se hacen más a través de la compañía [que de mí...].»

Puesto que Perle reconocía no haber tenido nunca conocimiento de los memorándums que llegaban a Zuhair, y dado que manifestaba muy poco interés por las soluciones que éste proponía, cuesta comprender qué motivaba aquel encuentro. Según el príncipe Bandar bin Sultán, inamovible embajador de Arabia Saudí en Estados Unidos e hijo del ministro de Defensa Jaled bin Sultán, «necesitaba una posibilidad de negar todo el asunto. Precisaba una cobertura, [y ésta fue] la iniciativa de paz en Irak. Pero [...] era, en efecto, una cita de negocios.» Zuhair lo comprendió sin duda. Y no se produjo la inversión en cuestión.

Pero el asunto tomó luego una dimensión del todo inesperada. Los memorándums de la joven colegiala se publicaron en el diario saudí, impreso en Londres, *Al-Ayat*, un mes después de la famosa entrevista entre Perle y Zuhair, en un artículo de título evocador: «Washington ofrece no iniciar la guerra a cambio de un acuerdo internacional sobre el exilio de Saddam Hussein.» Más adelante, *Al-Ayat* explicaba que Perle y otros oficiales habían mantenido «entrevistas secretas» para evitar la guerra.

Unos días más tarde, el diario libanés *Al-Safir* publicaba, por su parte, una traducción de los memorándums de la señorita Hillman y de su padre, ¡y los atribuía directamente a Richard Perle!

Todo el asunto denota hasta qué punto la mezcla de géneros puede tomar un giro inesperado e incontrolable cuando intereses financieros y poder tejen vínculos por completo contra natura. Perle, crítico especialmente virulento de Arabia Saudí en la administración a la que supuestamente sirve, no vacila, por medio de las sociedades de las que forma parte, en solicitar inversiones de este mismo país. Naturalmente, no se ha violado ninguna ley. Pero el conflicto de intereses es evidente. Hillman, socio de Trireme y miembro del Consejo de Política de Defensa, es el ejemplo más evidente de ello, al servirse de su cargo de consejero en el Pentágono para engañar a los potenciales inversores, detallando las presuntas «condiciones» que Saddam Hussein tendría que cumplir para evitar la guerra. Con un Richard Perle socio de Trireme, participando en el debate, pero lo bastante hábil para mantener una puerta de salida, como en la reunión saudí de Murawiec...

El asunto, que destapó el periodista Seymour Hersh en el mes de marzo, produjo por parte de Richard Perle una reacción pasmosa y reveladora a la vez. En el plató de la CNN, ante el presentador Wolf Blitzer, el consejero del Pentágono declaró que Hersh era un «terrorista». Cuando Blitzer, sorprendido por la reacción de su invitado, le pidió que explicase sus palabras, Perle prosiguió: «Es totalmente irresponsable [...] Lo ha hecho para perjudicar, e intenta conseguirlo por cualquier medio, a través de cualquier distorsión posible...»

Perle había elaborado una estrategia en la que toda investigación sobre su persona o toda suposición sobre el fundamento de sus actos se convertía en un verdadero atentado contra la seguridad nacional. El artículo de Hersh estaba muy lejos de la calumnia, y constituye, incluso, un modelo de rigor periodístico, donde los hechos se ensamblan y corroboran de modo preciso. Pero lo que representaba para Perle una traición imperdonable no era tanto la forma como el contenido. Parecía que había adoptado para sí el hilo conductor del presidente Bush para la guerra contra el terrorismo: «Estáis con nosotros o contra nosotros.» La situación de guerra, a su entender, parecía justificación suficiente para acallar todas las críticas, incluso cuando revelaban evidentes conflictos de intereses.

En el caso de Richard Perle, son numerosos. En febrero de 2002, fue nombrado director de Autonomy, una sociedad británica de alta tecnología que trabaja, en concreto, en la interceptación de conversaciones informáticas. Autonomy ha obtenido recientemente, en el marco de la lucha contra el terrorismo, un importante contrato con el departamento de Seguridad Nacional. Esta sociedad trabaja también con el ejército y la marina de Estados Unidos, así como con la Royal Air Force australiana. Como siempre, Perle no cruza la frontera de la legalidad, en la medida en que el Consejo de Política de Defensa que presidía hasta comienzos del año 2003 (sigue siendo miembro) es un organismo consultivo del Pentágono. Perle no está sometido a las mismas obligaciones que los miembros directos de la administración Bush, pero su influencia, que supera con mucho el marco de sus atribuciones oficiales, ha llevado al organismo de control independiente, Asociación Nacional de Fondos de Pensión (ANFP), a preguntarse sobre el estatuto de Richard Perle en el seno de esta sociedad. La ANFP declaró que se planteaba recomendar la abstención de los accionistas de esta firma si el «halcón» convertido en hombre de negocios seguía en Autonomy, al final de su actual mandato.

## UN CONTRATO DE 750.000 DÓLARES

Por otra parte, Perle obtuvo un contrato de «consultor» con la empresa estadounidense Global Crossing, en quiebra, para facilitar su compra por la sociedad de Hong Kong, Hutchinson Whampoa. La razón es sencilla. Global Crossing dispone de una gigantesca red de fibra óptica, que utiliza en especial la defensa estadounidense y sus distintas agencias. Hutchinson Whampoa pertenece a Li Ka Shing, el hombre más rico de la antigua colonia británica, cuyos vínculos con el régimen comunista de Pekín hace mucho tiempo ya que se han establecido. La Casa Blanca no tiene deseo alguno de ver cómo estos sofisticados sistemas de comunicación pasan a manos de un régimen al que sigue considerando hostil.

Y ahí entra en juego Richard Perle, con un contrato de 750.000 dólares, 600.000 de los cuales dependen de la aprobación de la venta por las autoridades de Estados Unidos. En un memorándum fechado el 7 de marzo, se ponía de relieve que su posición de presidente del Consejo de Política de Defensa le confería «un punto de vista único» y un «conocimiento íntimo» de los problemas de seguridad y defensa que plantearía el Comité de Inversiones Extranjeras, capaz de bloquear la venta a Hutchinson Whampoa.

Perle declaró al *New York Times* que el documento lo habían redactado abogados y que él no había advertido esa frase. Más tarde se retractó, y declaró que la frase se encontraba ya en una versión precedente, que la había tachado pero que alguien la había vuelto a colocar en el documento final, sin que él lo advirtiera en la última lectura (!).

De hecho, sea cual sea la verdad que se oculta tras la famosa frase, es evidente que tanto su puesto de consejero del Pentágono como su estatuto semioficial de ideólogo de los neoconservadores desempeñaron un papel decisivo en la elección de Perle para dirigir las negociaciones. En concreto, el hombre declaraba acerca del poder y los negocios: «Me parece desagradable la idea de que un hombre pueda abandonar un puesto oficial y, al día siguiente, se encuentre al otro lado de la mesa, negociando con el gobierno [del que era miembro...].» Sin embargo, Richard Perle ni siquiera espera a haber abandonado sus funciones en el Consejo de Política de Defensa para compartir ese «conocimiento íntimo» de los problemas de defensa con sus clientes.

A comienzos del año 1989, el *Wall Street Journal* había revelado ya la existencia de una sociedad que representaba al gobierno turco, llamada International Advisors Inc. (IAI), cuyo objetivo era promover «la asistencia económica estadounidense y la venta de material militar de Estados Unidos a Turquía». Turquía, recordémoslo, es el más fiel aliado militar de Israel en la región.

Richard Perle, una vez más, desmintió un vínculo tan directo, y explicó que era sólo un «consejero» de IAI. Lo cual es cierto en la medida en que quien inscribió esta sociedad fue otro halcón: Douglas Feith. IAI reportó a ese antiguo consejero especial de Perle varios centenares de miles de dólares, igual que a su antiguo bufete de abogados, Feith & Zell, que tiene entre sus clientes una poderosa empresa: Northrop Grunman. Este constructor aeronáutico fabrica, en concreto, los bombarderos B-2, los cazabombarderos F-18 y los aviones teledirigidos, todos utilizados ampliamente en Irak...

Interesándose por las fortunas que amasaron los halcones durante los años precedentes a su toma de posesión, sorprende su proximidad con las industrias de armamento o de tecnología militar. Nunca antes un gobierno dispuso de vínculos tan estrechos. Los hombres clave del Pentágono o de la Casa Blanca tienen todos un pasado que los vincula a la estructura militar-industrial del país. Quienes decidieron el fulgurante aumento del presupuesto militar estadounidense dirigían o asesoraban a las sociedades que hoy son sus principales beneficiarias.

Northrop Grunman no era sólo un cliente de la empresa de Douglas Feith. El actual secretario de la Air Force, James Roche, era su antiguo vicepresidente. Paul Wolfowitz, número 2 del Pentágono, así como Dov Zakheim, nombrado controlador jefe del secretario de Defensa, estuvieron ambos en la nómina de Northrop Grunman como «consultores» antes de ocupar sus cargos respectivos, sin que hayamos podido descubrir a título de qué.

Karl Rove, consejero presidencial de primer orden, era, por su parte, accionista de la firma Boeing, de la que suele olvidarse que gran parte de sus actividades se desarrolla en el campo militar. Así, Boeing fabrica los helicópteros Apache AH-64. Y también los *kits* de orientación JDAM que transforman los obuses clásicos en bombas de alta precisión. Pero Karl Rove no fue el único miembro del equipo en el poder que estuvo cerca de Boeing...

Richard Armitage, vicesecretario de Estado, fue consultor de la empresa antes de integrarse en la administración de Bush. También fue consultor de Raytheon, que fabrica los misiles de crucero BGM-109, conocidos con el nombre de Tomahawk, así como las bombas Bunker Buster GBU-28, que se utilizaron en Irak para perforar el blindaje de los búnkeres.

El otro gigante estadounidense del armamento, Lokheed Martin, mantiene relaciones aún más estrechas con la administración Bush, puesto que la mujer del vicepresidente, Linn Cheney, defensora acérrima de los ultraconservadores, estuvo en el consejo directivo de esta sociedad hasta febrero de 2001.

# 10

El vicepresidente constituye, por otra parte, un ejemplo flagrante de esta proximidad, de esta intimidad incluso, entre los poderes políticos y militar-industriales. A diferencia de Richard Perle, de Paul Wolfowitz, de Douglas Feith y también de Elliott Abrams, Dick Cheney no mantiene un vínculo especial con Israel. Pero su carrera rezuma un extremismo muy pronunciado, sobre todo en lo que se refiere a la política interior de Estados Unidos. En 1988, fue uno de los cuatro miembros del Congreso que votó contra la prohibición de los tipos de armas más peligrosos. Tres años antes, había votado también contra la prohibición de las balas perforadoras de blindaje, que hacían totalmente inútiles los chalecos antibalas de la policía ante quienes disponían de este tipo de munición. En 1984, se negó a conceder un presupuesto de 65 millones de dólares (el del Pentágono se acerca a los 400.000 millones) para proteger a las mujeres maltratadas y luchar contra la violencia conyugal. Nos acordamos de George Bush, en Nueva York, algunos días después del horror del 11 de Septiembre, cuando apoyaba a un bombero que estaba a punto de llorar, y no hallaba palabras lo bastante elogiosas para calificar su heroísmo y su sacrificio... Pues bien, su vicepresidente votó en el pasado, y por dos veces, contra la concesión de una prima de 50.000 dólares para las viudas y huérfanos de los bomberos muertos en acto de servicio (así como los policías).

El pasado de Dick Cheney está salpicado de votaciones y decisiones a cuál más molesta. Negándose, sucesivamente, a avalar programas alimenticios para los niños más necesitados de Estados Unidos (1986), a poner en marcha una recogida de datos sobre los crímenes racistas o, también, a conceder una ayuda alimenticia a los ancianos (1987).

En el ámbito del medio ambiente, Dick Cheney es harina del mismo costal, al votar contra varias leyes para la protección del agua, del aire o de las especies animales en vías de extinción. Pero sus opciones, esta vez, no las dictaron sus tan peculiares convicciones políticas. Pues el vicepresidente es un hombre del petróleo...

## EL VICEPRESIDENTE E IRAK

Tras su salida del Pentágono, que dirigió de marzo de 1989 a enero de 1993, a las órdenes del padre del actual presidente, Dick Cheney se puso a la cabeza del gigante de la industria petrolera, Halliburton. Esta sociedad es una novela por sí sola, tan múltiples, turbias y sembradas de intrigas son su historia y sus actividades. Vinculan, en el más alto nivel, a los responsables políticos de Estados Unidos con el mundo de los negocios y los gobiernos extranjeros, ya sea en África, en Asia, en la antigua Unión Soviética o, también, en el golfo Pérsico...

Para comprender la carrera de Dick Cheney antes hay que saber lo que es Halliburton. Pues no se trata de una sino de varias sociedades, que operan en campos tan diversos como los oleoductos, la construcción de prisiones militares o, también, la logística de las bases estadounidenses en Afganistán, por citar sólo este país. Negocia, a través de sus filiales, con los gobiernos de países que la administración Bush califica de «terroristas», así como con otros que se encuentran entre las peores dictaduras del planeta. Y ello incluso cuando Dick Cheney estaba al frente.

Halliburton es una hidra, no de dos sino de cuatro, cinco o diez cabezas. Varias de sus numerosas filiales arrojan una cruda luz sobre la profunda diferencia que existe entre los discursos oficiales y la realidad de los negocios.

Cheney fue puesto al mando de Halliburton en 1995. Siendo ésta una sociedad puntera en material de perforación y transporte petrolero, Irak resultaba un cliente potencial, a pesar del embargo. Preguntado a este respecto, en 2000, Cheney declaró a ABC-TV: «Tengo una política muy firme sobre Irak, que consiste en no hacer nada [con este país], ni siquiera por medio de arreglos que se supusieran legales.» Lástima que al Irak de Saddam Hussein no se le informase de esta «política muy firme»: en 1998, Dick Cheney estaba a la cabeza de Halliburton cuando procedió a la adquisición de Dresser Industries Inc., que ya había vendido material petrolero a Bagdad, por medio de una compleja trama que implicaba a filiales de sociedades conjuntas creadas con otra sociedad, Ingersoll-Rand Co.

No satisfecho con la compra de sociedades que habían trabajado con Irak en el pasado, en flagrante contradicción con sus ideas y sus discursos, Dick Cheney no puso fin a este comercio que consideraba tan reprobable: del primer trimestre de 1997 a comienzos del año 2000, las dos filiales de Halliburton, Dresser Rand e Ingersoll Dresser Pump Co, vendieron a Irak bombas de recuperación, piezas para la industria petrolera y equipamientos para oleoductos, y todo ello a través de filiales francesas. Estados Unidos, no lo olvidemos, acusa a Francia de defender sus intereses en Irak al oponerse a la guerra democrática que Dick Cheney predica.

En el colmo del cinismo, Ingersoll Dresser Pump intentó firmar, incluso, un contrato —que la administración estadounidense de aquel entonces bloqueó— destinado a reparar una plataforma petrolífera que las fuerzas estadounidenses habían destruido durante la primera guerra del Golfo, bajo el mando del propio Dick Cheney que era por aquel entonces secretario de Defensa.

Pero las hermosas declaraciones que realizó durante el año 2000, sobre la intransigencia que manifestaba con respecto a Irak, sólo representaban una fachada electoral para este hombre poco menos que «casado» con el petróleo. El propio Dick Cheney manifestaba ya en 1995 durante una conferencia sobre la energía, su enfado ante las sanciones que se habían adoptado contra algunos regímenes: «En este gobierno damos la impresión de que nos gustan las sanciones. [...] El problema es que el buen Dios no siempre consideró deseable colocar las reservas de gas y de petróleo en [países con] régimen democrático.» Halliburton solicitaba la ayuda del buen Dios...

Tras sus declaraciones de perfecta integridad, con las que explicaba que rechazaba, de un modo u otro, tratar con Irak, la realidad se encargó de desmentir a Cheney; en concreto un informe confidencial de las Naciones Unidas, publicado por el *Washington Post*, que detallaba las distintas sociedades implicadas en transacciones con el régimen de Bagdad. Obligado a reconocer la realidad, explicó que cuando compró las dos filiales no estaba al corriente de sus relaciones con Irak. «Heredamos dos *joint ventures* con Ingersoll-Rand, que vendían piezas de recambio a Irak. [...] Pero nos hemos alejado de eso.»

En efecto, pero no antes de diciembre de 1999 y enero de 2000, lo que les permitió, en cualquier caso, firmar contratos por valor de casi 30 millones de dólares. Por lo demás, con respecto a la ignorancia de Cheney sobre las actividades de sus filiales, el antiguo presidente de Ingersoll-Rand, James E. Perella, preguntado por el *Washington Post* el 23 de junio de 2001, manifestaba grandes reservas: «¡Oh!, estaba al corriente del asunto. No cabe duda.»

La hipocresía que consistía en fustigar al régimen iraquí y mantener a la población prisionera de un embargo provechoso al dictador es muy reveladora de la sinceridad de Estados Unidos en su actual campaña. Sociedades como Halliburton contribuyeron, por medio de sutiles tramas que combinaban filiales e intermediarios, a las riquezas que los soldados descubren hoy, pasmados, en los palacios presidenciales de Bagdad. Las exportaciones petroleras de Irak pasaron de 4.000 millones de dólares en 1997 a 18.000 millones tres años más tarde. Y eso nunca habría sido posible sin aportación de tecnología extranjera, piezas de recambio y componentes que no se encontraban en el interior del país.


ALLÍ DONDE ESTÁ EL PETRÓLEO...

Dick Cheney puede investirse de moralidad en la guerra que libra hoy por la democracia, pero Halliburton nunca vaciló en comprometerse con los regímenes más infames de este planeta, para paliar esta «decisión del buen Dios» que no colocó el petróleo donde debía. En 1997, los responsables del proyecto de Yadana, un oleoducto que serpentea a través de Myanmar, contrataron a European Marine Service para efectuar parte del trabajo, especialmente en las zonas costeras no incluidas en el trazado.

European Marine Service es, como en el caso de Ingersoll-Rand, una *joint venture* de Halliburton. Pero el propio trazado se había decidido para minimizar los costes, a pesar de las aldeas que atravesaba y las minorías étnicas que poblaban la zona. La SLORC (State Law & Order Restauration Council, la junta militar que detenta el poder en Rangún) se entregó a una verdadera limpieza de la zona, violando, asesinando y reduciendo a la esclavitud a los supervivientes para hacerles trabajar en el famoso oleoducto. Toda la historia del régimen militar birmano está sembrada de cadáveres, atrocidades y feroces represiones. La SLORC se mantiene en el poder por medio del crimen y el terror contra minorías étnicas, estudiantes o activistas, pero eso no impidió a Halliburton establecerse en Rangún en 1999.

A este respecto, Dick Cheney explicó en la CNN a Larry King: «Debemos operar en lugares muy difíciles y, a veces, en países que son gobernados [por regímenes] en contradicción con nuestros principios, aquí, en Estados Unidos. [...] Pero el mundo no está hecho sólo de democracias.»

Ni tampoco sólo de responsables coherentes, claro está. ¿Cuál es la filosofía de Dick Cheney frente a un régimen brutal y antidemocrático? La respuesta depende, al parecer, de las circunstancias: si se es vicepresidente, se le declara la guerra. Pero si se está en los negocios, se trata con ellos...

Resulta que, aparentemente, Dick Cheney detesta las sanciones más que a los dictadores. Además, es interesante ver los países cuya causa parece conmover al vicepresidente, y superponerles un mapa de las reservas petroleras mundiales. La generosidad del vicepresidente pocas veces se sale de estas zonas. Ha hecho campaña contra Irán, a través de la ley de sanciones a Libia, que dificulta seriamente los intercambios comerciales de estos países con Estados Unidos. No importa que, hoy, Irán forme parte de los países del «eje del mal» y esté en la lista negra de Estados Unidos, con los marines en sus fronteras. No viene ya de una incoherencia.

Estos países tienen dos cosas en común: vínculos reales con algunas organizaciones terroristas (Irán con Hizbolá, por ejemplo) y también (¡sobre todo!) cantidades ingentes de petróleo. ¡Olvidemos el terrorismo...! A pesar de Gadafi y de los mulás iraníes, Cheney piensa que las sanciones pueden levantarse. También ha militado a favor de Azerbayán, al que se le suspendió cualquier ayuda por decisión del Congreso, que sospecha que el país se entrega a una represión étnica. Para Dick Cheney se trata sólo de una campaña sin pruebas orquestada por el *lobby* armenio en Estados Unidos. Halliburton, en 1997, se interesaba mucho por este país, muy bien dotado por el «buen Dios» en cuestiones energéticas.

Nigeria es otro ejemplo de esta «cooperación» con las dictaduras petroleras. Se acusa al régimen de favorecer a compañías como Halliburton, pero también Shell y Chevron, por medio del arresto y asesinato de quienes se oponen a las desastrosas consecuencias para el entorno de la explotación petrolera.

## USA ENGAGE: AMIGOS DE LAS DICTADURAS Y DEL PETRÓLEO...

Para hacerse oír, Dick Cheney no está solo. Bajo su dirección, Halliburton era un miembro eminente de USA Engage, una organización de *lobbying* destinada a hacer comprender al Congreso y a los responsables políticos la ineficacia de las sanciones y la imperiosa necesidad de tratar con los dictadores. Pero seamos claros: las consideraciones alegadas nada tienen que ver, por ejemplo, con los sufrimientos que el pueblo iraquí ha padecido desde el inicio del embargo que les afecta. El móvil de USA Engage no es humanitario sino económico. Al refugiarse tras una teoría que ha mostrado con creces sus límites en el pasado, y que pretende que el comercio cambie los regímenes desde el interior y los lleve de manera gradual hacia la democracia, USA Engage milita para que se levanten las sanciones contra los regímenes culpables de violaciones de los derechos humanos.

Esta visión demasiado ingenua para ser honesta, que pretende transformar a los tiranos en demócratas (o, al menos, lograr que abandonen el poder) sólo con la magia del comercio, beneficia a un pequeño número de empresas, cuyos intereses están a menudo vinculados a los destinos de los regímenes autoritarios implantados en el tercer mundo. USA Engage afirma que agrupa a más de seiscientos miembros. En realidad, la cifra es muy inferior a la de la lista oficial. Por ejemplo, Tim Hussey, presidente-director general de Hussey Seating of Maine, que supuestamente pertenece al grupo de *lobbying*, ni siquiera sabe lo que es USA Engage.

De hecho, algunas grandes empresas —sobre todo petroleras— dirigen esta organización. Jack Rafuse, el *lobbyist* de la firma UNOCAL, el gigante petrolero que fue el interlocutor principal de la junta militar birmana durante la década de 1990, muy activa luego en el Afganistán de los talibanes, dirige el Comité de Sanciones Locales y Nacionales en el seno de USA Engage, que tiene entre sus miembros «reales» a firmas como Mobil y Texaco. Esos dos pesos pesados han apoyado al gobierno nigeriano en Estados Unidos, intentando bloquear las sanciones que amenazaban con caer sobre él, tras el encarcelamiento de siete mil personas y el asesinato del disidente Saro-Wiwa.

A su lado, además de Halliburton, también está Boeing, cuyo objetivo es algo distinto: el constructor quería sobre todo hacer tabla rasa por la matanza de Tiananmen, en Pekín, a fin de normalizar sus relaciones con China. Entre 1992 y 1994, Boeing vendía uno de cada diez aviones a la República Popular China. Era inconcebible que problemas de democracia o de derechos humanos llegaran a perturbar tan provechosos mercados.

Este grupo de *lobbying*, del que la empresa que dirigía Dick Cheney era parte integrante, trató de que se aprobase una ley, a finales del año 1997, que convertía en una pesadilla la aplicación de sanciones económicas contra una dictadura. De hecho, esta ley, presentada por el senador Richard Lugar y el representante en el Congreso Lee Hamilton, «convierte —en palabras de Mark Anderson, un responsable sindical del Food and Allied Service Trade que sigue muy de cerca las actividades de USA Engage—, las sanciones en aceptables si los intereses económicos de una sociedad están amenazados [...], pero ya no lo son si una dictadura hace una matanza de civiles o no respeta los convenios laborales internacionales». Para Simon Billennes, el responsable de Franklin Research & Development Corp, una firma de inversión de Boston que siguió también las presiones de USA Engage en el Congreso, «Mandela seguiría aún en la cárcel si USA Engage hubiera ganado durante el *apartheid*». En efecto, se recordará que las sanciones económicas contribuyeron de modo importante al hundimiento del régimen blanco surafricano...

Cuando se analiza a posteriori la pertenencia de Dick Cheney a esta organización, a través de Halliburton, la contradicción es sólo aparente. El hombre es partidario de la no intervención, en términos de gobierno y de filosofía política con respecto a la autoridad federal. Estos feroces oponentes a un gobierno poderoso y omnipresente en la vida de los ciudadanos reclutan el núcleo duro de sus partidarios en el Medio Oeste y, sobre todo, en los estados del Sur y del Oeste, como Tejas. Para Cheney, Washington no debe controlar las armas que compra Estados Unidos, ni siquiera las municiones que atraviesan los blindajes. Tampoco debe cuidarse de los desheredados o los ancianos, so pena de crear un «asistenciado» a la europea, la peor pesadilla del actual vicepresidente.

USA Engage participa de la misma filosofía: para Dick Cheney, el gobierno debe asumir un «mantenimiento mínimo» del país y, sobre todo, no debe intervenir en los asuntos privados, ni en los de las empresas ni en los de los individuos. Si se observan las cosas desde este punto de vista, la «esquizofrenia» de Dick Cheney, que consiste en hacer negocios con los gobiernos a los que no vacilará en derribar una vez haya regresado al poder, se explica por sí misma. Para el vicepresidente, el sector privado debe estar libre de cualquier traba, mientras no perjudique la seguridad del Estado: dicho con claridad, la democracia y los negocios son dos cuestiones que no deben mezclarse.

## KELLOG BROWN & ROOT Y EL EJÉRCITO

Pero, entonces, ¿dónde se sitúa Dick Cheney, que abandonó Halliburton con unos 45 millones de dólares en *stock options*, y el eterno agradecimiento de esta sociedad a la que condujo hasta las más altas esferas del poder, tanto en Estados Unidos como en el extranjero (especialmente en el mundo árabe)? ¿A quién se consagra su lealtad? ¿Al mundo de los negocios o al de la política? Cuando se observa la guerra, y el considerable riesgo —en términos de credibilidad— que asumieron los dirigentes estadounidenses, podemos suponer que sus motivos eran, en efecto, políticos. Pero cuando se observa la posguerra, las cosas parecen muy distintas.

La antigua sociedad del vicepresidente empezó a recibir contratos de gran importancia para la reconstrucción de Irak, incluso antes de que cesaran los bombardeos, y de un modo insólito. Estados Unidos es uno de los países más transparentes del planeta, especialmente en términos de licitación. Sin embargo, Halliburton no tuvo que enfrentarse con ningún competidor para obtener el primero de esos mercados iraquíes tan deseado. ¿Por qué razón? Andrew Natsios, el director de la Agencia Estadounidense para el Desarrollo Internacional (USAID), intentó justificar esta maniobra: «Quiero decir... Este modo de proceder no es insólito en sí mismo. Sólo hemos acelerado las cosas.»

Una gestión que no convenció a todo el mundo, ni mucho menos: el representante en el Congreso Henri Waxman (California) pidió a la ingeniería militar que explicara el contrato de Halliburton. «Escribo —declaró Waxman— para informarme sobre las razones que impulsaron a la administración a aceptar un contrato con una filial de Halliburton que, potencialmente, puede alcanzar varias decenas de millones de dólares, sin organizar la menor licitación y sin siquiera advertir al Congreso. [...] El contrato [...] no incluyó ningún límite de tiempo o dinero, y en apariencia se concibió de modo que alentara al contratante a aumentar sus costes y, por consiguiente, los costes soportados por el contribuyente...»

A pesar de estas reservas, la posición de Halliburton en Irak no hace más que reforzarse. Mientras que George W. Bush declaraba que «el petróleo de Irak pertenece a los iraquíes», el 12 de mayo se sabía que un contrato firmado con el ejército, sin licitación de nuevo, proporcionaba *de facto* a una de sus filiales, KBR, la concesión de parte del petróleo iraquí.

KBR, o Kellog Brown & Root, es una sociedad logística que saca provecho de unos vínculos casi simbióticos con el ejército de Estados Unidos, algo que se remonta a la época de Vietnam. Constituye una especie de hermano siamés —y civil— de la clase dirigente militar. Se benefició ampliamente de los contactos de Dick Cheney durante los años que el actual vicepresidente estuvo al frente de Halliburton. E incluso antes de que éste se lanzara a los negocios: en 1992, cuando Dick Cheney era jefe del Pentágono, encargó un informe secreto por 3,9 millones de dólares a Kellog Brown & Root. ¿De qué se trataba? De explicar de qué modo las sociedades privadas podían asumir la logística de las operaciones militares estadounidenses. KBR cobró, pues, casi cuatro millones de dólares por hacerse su propia publicidad.

De modo apenas caricaturesco, todo lo que el ejército puede delegar en el campo del mantenimiento y de la ingeniería le corresponde a Kellog Brown & Root, y tanto en Estados Unidos como en el extranjero. Por ejemplo, la prisión de Guantánamo, que acoge a los prisioneros sospechosos de pertenecer a las organizaciones de al-Qaeda, la construyó KBR, al igual que una multitud de bases y campamentos militares estadounidenses en todo el planeta.

Sus donativos políticos atestiguan sus inclinaciones naturales y explican, en parte, la benevolencia para con ella de la administración. Entre 1999 y 2002, KBR gastó 709.320 dólares para apoyar a «sus» candidatos en las diversas elecciones del país. De esta suma, más de 673.000 dólares fueron para los republicanos.

En diciembre de 2001, cuando el trauma del 11 de Septiembre sumía a Estados Unidos en el conflicto afgano y el acoso a Bin Laden, se firmó un contrato entre el Pentágono y KBR, en el marco de un programa bautizado como LOGCAP (Logistics Civils Augmentation Program). Este contrato tenía una particularidad, y no desdeñable, puesto que la duración era de diez años y no mencionaba límite alguno por lo que se refiere a su coste global. El contrato se firmó apenas un año después del regreso de Cheney al poder, tras una ausencia de casi diez años.

Podemos preguntarnos sobre el hecho de que una decisión tan generosa fuera tomada por la administración Cheney, cuyos vínculos con Halliburton y su filial KBR son conocidos. En la mayoría de los casos, nada justifica en términos económicos la utilización de civiles en vez de militares. El ejército, por su parte, no ahorra elogios hacia KBR, especialmente a través del Logistics Management Institute, que explica que el programa LOGCAP empleará un 24 % menos de personal, por un precio un 28 % inferior a lo que habrían costado los propios militares, si se les hubieran asignado las mismas tareas...

Podemos dudarlo. Al caso, en 1996 se presentó al Congreso un contrato «privado» de apoyo operacional con un presupuesto de 191,6 millones de dólares. Claro que, al año siguiente, éste ya ascendía a 461,5 millones.

En febrero de 2002, KBR tuvo que pagar dos millones de dólares de indemnización después de que el Departamento de Justicia la acusara de fraude contra el gobierno. Uno de los responsables de la sociedad explicó de qué manera KBR había «hinchado» voluntariamente sus presupuestos en más de doscientos proyectos militares. La firma, según el mismo responsable, había presentado una lista de precios de más de treinta mil productos, y el propuesto total obtuvo el aval de los responsables del ejército. Firmaron a continuación un «acuerdo de trabajo» que no incluía ya detalle alguno sobre los materiales a utilizar. De los treinta mil productos que los militares creían que iban a emplearse en las obras, gran parte nunca se compraron. De hecho, el ejército había firmado un «acuerdo» que, desde el punto de vista legal, no mencionaba en modo alguno la primera lista, considerada como nula e inexistente, aunque hubiera servido para justificar las tarifas del presupuesto.

Michael Hirst, de la oficina del fiscal de Sacramento,

declaró a este respecto: «Llámenlo fraude o negocios, el resultado es el mismo: el gobierno no obtuvo lo que pagó.» A través de esta operación, KBR había conseguido obtener el acuerdo de su «cliente» para efectuar reparaciones eléctricas en una base californiana, por un precio de 750.000 dólares cuando, según McIntosh, un investigador del Pentágono, sólo costaban 125.000.

En 1997, la General Accounting Office (GAO), la agencia de auditoría del Congreso, declaró que la falta de seguimiento por parte del ejército del contrato firmado con KBR en la ex Yugoslavia había acrecentado ampliamente los beneficios de ésta. Por aquel entonces, no lo olvidemos, el actual vicepresidente dirigía la empresa madre, Halliburton...

La oficina del GAO explicaba, en concreto, que en aquel periodo el ejército había autorizado a KBR a importar contrachapado estadounidense por un precio de 85,98 dólares la unidad, con el pretexto de que la sociedad no había tenido tiempo de aprovisionarse en Europa, donde el mismo material costaba 14,06 dólares.

Desde el comienzo de la guerra contra el terrorismo, con el famoso LOGCAP de coste no limitado, los negocios son excelentes para KBR. El Pentágono ha anunciado, recientemente, que la firma gestiona ahora la alimentación, el fuel y la electricidad de la base aérea de Janavad, en Uzbekistán, donde —según sus propias palabras— Halliburton emplea uzbekos a los que paga «de acuerdo con las leyes y las costumbres locales». Se sabía que pagar mal a la gente podía ser habitual, en algunos países, pero Halliburton nos enseña que es también una «costumbre». Según el *New York Times*, que habló con los responsables de la operación, «las obras de KBR, al menos durante el primer año, costaron entre un 10 y un 20 % más que si se hubiera encargado de ellas el personal militar». En opinión del teniente coronel Clay Cole, responsable del contrato por el ejército, los costes del trabajo atribuido a KBR «podrían aumentar de modo espectacular», si se dejaran sin vigilancia. Pero, también según el oficial, se han puesto en marcha las medidas de control adecuadas.

Entre KBR y el ejército, estos dos viejos socios, parece reinar la confianza...

Pero los militares hacen bien en desconfiar. Para la filial de Halliburton las oportunidades futuras pueden resultar colosales en la zona. Hay que recordar que, en los Balcanes, KBR entró por una ratonera, antes de obtener la parte del león. Su contrato inicial con el ejército en la zona de la antigua Yugoslavia era inferior a cuatro millones de dólares, pero se saldó con acuerdos de varios miles de millones.


La novedad que consiste en subcontratar parte de las atribuciones naturales del ejército a empresas privadas, incluso en zona de guerra, parece casi exclusivamente reservada a KBR. Y, cada vez más, puede hablarse de una verdadera «privatización del ejército». El informe de la comandante Maria Dowling, publicado por una universidad de la base aérea de Maxwell (Alabama), muestra que los empleados de KBR pueden verse obligados a vivir con los soldados, a llevar uniformes del ejército de Estados Unidos y armas, para su seguridad en zonas inestables.

Según otro informe de investigación de la misma universidad, el número de sus híbridos civicomilitares aumenta con rapidez, puesto que de un civil por cada cincuenta soldados se pasó a uno por cada diez durante el conflicto de los Balcanes. Por lo que se refiere a las actuales operaciones, la gran cantidad de datos que siguen clasificados como secreto de defensa nos impide proporcionar una estimación fiable. Pero podemos pensar razonablemente que la proporción de personal civil ha seguido aumentando.

Además del riesgo evidente, y muy real, de ver cómo se «infiltran» en un ejército las sociedades privadas, la falta de profesionalidad de los empleados civiles plantea serios peligros, debidos a la ausencia de entrenamiento y de formación adecuados.

Por ejemplo, en el desierto de Arabia Saudí, el ejército descubrió consternado que conductores no militares, contratados en el país, se habían detenido al borde de la carretera y estaban cocinando tranquilamente su comida, con una botella de propano, a sólo unos metros de sus camiones cargados de explosivos y municiones...

Por otra parte, si el ejército no deja abandonados a sus hombres, las empresas no tienen reparos en hacerlo, ni siquiera en zona de guerra. En 1994, cuando KBR abandonó Somalia al mismo tiempo que las fuerzas estadounidenses, después de que la magnitud de sus operaciones en ese país la hubiera convertido —por breve espacio de tiempo— en el mayor patrono de todo el continente africano, los empleados locales tan útiles como mano de obra barata fueron, pura y simplemente, dejados allí, con la nada envidiable etiqueta de «colaboracionistas», algo que sin duda les valió la muerte.

El porvenir parece radiante para KBR, tanto gracias al ejército de Estados Unidos como a la reconstrucción de Irak. Y es difícil creer que Dick Cheney sea ajeno a todo esto.

Y ello porque KBR no era una simple filial de Halliburton, relegada al olvido y evocada de vez en cuando en los consejos de administración. Por aquel entonces aportaba un tercio de los beneficios del grupo, y esta proporción está sin duda aumentando, en la medida en que Halliburton sufre considerables reveses bursátiles, mientras KBR obtiene nuevos mercados, uno tras otro.

## ¿UNA MARCHA PRECIPITADA...?

Al dirigir Halliburton, Dick Cheney presidía, de modo apenas menos directo, los destinos de su filial. Se le consideraba ya, y con razón, un valor inestimable para el grupo, gracias a sus múltiples contactos con gobiernos de todo el planeta. «Todas las puertas se abrían ante él», declaró Thomas Cruikshank, el antiguo presidente de Halliburton que contrató a Dick Cheney. El actual presidente, David J. Lesar, declara también: «Si yo hubiera ido a Egipto, a Kuwait o a Omán solo, habría podido hablar con el ministro del Petróleo. Pero con Cheney en Omán, íbamos a ver al sultán. Cuando estábamos en Kuwait, íbamos a ver al emir. Y no era una visita formal. Se trataba, más bien, de ir a tomar un té juntos y discutir...»

Y cuanto más numerosas eran las visitas de Dick Cheney a los dirigentes árabes —y otros—, más aumentaban los beneficios de la sociedad. En poco más de un año, las ganancias de Halliburton experimentaron un aumento del 30 %, un incremento vertiginoso cuando se sabe que la sociedad estaba ya implantada en los cuatro puntos cardinales del planeta y tenía presencia en los principales mercados del mundo, tanto si se trata del petróleo, en el caso de Halliburton, o de ingeniería civil, en el de KBR. En 1997, el crecimiento de sus acciones superó incluso la del índice S&P. Y aunque el actual vicepresidente se haya abstenido del *lobbying* directo ante el gobierno, hay cifras que no engañan y que son difíciles de desmentir: entre 1995 y 2000, el monto de los contratos federales se dobló con respecto al periodo anterior, para alcanzar la cifra récord de 2.300 millones de dólares. Pero eso no fue todo: durante esos cinco años, Halliburton obtuvo también 1.500 millones de préstamos gubernamentales, garantizados por el contribuyente estadounidense.

Dick Cheney parecía haber aportado un nuevo aliento a la vieja compañía tejana, conocida por sus simpatías ultraconservadoras que, en palabras de Fred Mutalibov, analista del sector petrolero, «carecía aún de reputación internacional». Su nuevo patrón se la había dado, al mismo tiempo que aumentaba su presencia en los mercados de los concursos gubernamentales.

Pero ese increíble cuento de hadas iba a ser para Halliburton de corta duración. En 1998, Dick Cheney decide proceder a la adquisición de Dresser, a la que ya nos hemos referido antes, puesto que formó parte de las sociedades estadounidenses que trataron indirectamente con Irak. Dresser, que en 1948 había sido el primer patrón de George Bush, trabajaba poco más o menos en los mismos sectores que Halliburton. La adquisición engendraba un gigante de 17.000 millones de dólares y 103.000 empleados: la mayor firma de servicios petroleros del planeta.

La idea era doble: consistía, en primer lugar, en desembarazarse de un rival potencial y, en segundo lugar, en aprovechar algunos sectores en los que la capacidad ·de Dresser sobrepasaba la de Halliburton. Los departamentos más débiles, en cambio, se cerrarían, sin más.

Todo parecía ir bien en el mejor de los mundos, hasta que el precio del barril de crudo tuvo la mala idea de caer en picado. Halliburton pasó de un beneficio de 772 millones de dólares en 1997 a una pérdida de 15 millones al año siguiente. Dick Cheney se mostró tranquilizador con sus empleados, y les explicó que el «saneamiento» sería mínimo y que no se trataba, en absoluto, de aplicar la brutal política de despido que otras empresas habían llevado a cabo. Sin embargo, en menos de un año despidió a varios miles de trabajadores...

Paralelamente a esta decisión, característica de la generosidad natural del vicepresidente, un cambio en la estructura contable de Brown & Root (la antigua denominación de KBR, antes de la llegada de la filial de Dresser, Kellog) iba a trastornar el porvenir de Dick Cheney y en generar el primer escándalo de la administración Bush del que fue objetivo directo.

Hasta 1997, la mayoría de los contratos de Brown & Root estipulaban que el cliente corría con todos los riesgos en caso de superación del presupuesto. Pero, a partir de esta fecha, la firma abandonó esa práctica cada vez más anticuada y optó por contratos fijos. Semejante novedad implicaba que si se sobrepasaba el presupuesto tenía que negociarse con el cliente, lo que la mayoría de las veces originaba disputas e interminables discusiones. Ahora bien, la política de Halliburton consistía en no contabilizar los beneficios hasta que no se hubieran resuelto las disputas en cuestión. Esta medida de prudencia se abandonó en el tercer trimestre de 1998, cuando la situación económica iba deteriorándose. ¿Casualidad o deseo de maquillar las pérdidas a fin de proteger la cotización de las acciones?

En mayo de 2002, el *New York Times* publicó las confidencias de dos responsables de Dresser que afirmaban que «tras su fusión con Halliburton, la firma había implantado medidas contables muy agresivas que pretendían disimular su pérdidas». Estos cambios de apuntes —aunque no sean ilegales— permitieron a Halliburton «concederse» 89 millones de dólares de beneficio, sin ni siquiera declarar esta modificación a la SEC, el equivalente estadounidense del Tribunal de Cuentas, antes del comienzo del año 2000. La misma SEC abrió, en 2002, una investigación a este respecto.

Pero Halliburton hubo de postrarse literalmente de rodillas por un problema mucho más inesperado y, sobre todo, ajeno por completo a su control: el amianto. En 1998, Cheney sabía que existía un problema vinculado a este producto en Halliburton y en Dresser. Lo que ignoraba era que una sociedad que Dresser había vendido en 1992 se volvería contra ésta para pagar a sus propios denunciantes. Y que, de ese modo, Halliburton, propietaria de Dresser, sería considerada responsable.

La noticia llegó en el peor momento: en 1997, el Tribunal Supremo de Estados Unidos decidió que las víctimas del amianto no podían ya agruparse, en la medida en que cada caso era único. A partir de entonces, la cifra de casos individuales presentados ante los tribunales se disparó, lo que arrastró a Halliburton a un verdadero abismo financiero. El número de querellas que se presentaron contra el grupo pasó de 70.500 en 1998 a 274.000 a finales del año 2001.

A comienzos de 2002, cuando quebró también Harbison Walker, la aseguradora de Halliburton, Wall Street comenzó a preguntarse si el gigante petrolero sobreviviría a esta crisis.

Entonces, la marcha de Dick Cheney para unirse a la campaña presidencial de George Bush, durante el año 2000, fue muy controvertida. Tanto sus críticos como muchos estadounidenses, muy afectados por la crisis financiera, consideraron que esta marcha era una auténtica oportunidad, que había permitido al futuro vicepresidente vender sus participaciones sabiendo que la cotización de la sociedad iba a caer en picado: al marcharse, Dick Cheney se embolsó más de 30 millones de dólares. Era un comportamiento extrañamente similar al de George W. Bush cuando, a finales de la década de 1980, había vendido en condiciones discutibles sus acciones de la compañía petrolera Harken...

Por otra extraña coincidencia, sesenta días más tarde, Halliburton declaraba que los beneficios vinculados a la construcción e ingeniería serían peores de lo previsto. Las acciones bajaron un 11 % en un solo día. Durante el mismo periodo, la sociedad anunció también que habría de someterse a una investigación por parte de un jurado de acusación por haber sobrefacturado algunos contratos firmados con el gobierno.

Parecía poco menos que los «amigos» de Dick Cheney, en los círculos directivos de la sociedad, ferozmente prorrepublicanos, hubieran cuidado el *tempo* de estas revelaciones.

Si las informaciones se hubieran facilitado al público algunos meses antes, el «bonus» del vicepresidente se habría visto gravemente mermado. Ahora bien, es difícil admitir que éste no estuviese al corriente de las futuras pérdidas en ciertos campos de la actividad de Halliburton.

Si lo sabía, vendió en el mejor momento, enriqueciéndose limpiamente en el seno de un grupo que sumía a los pequeños accionistas en una verdadera tempestad financiera. La pregunta que se hacen los periodistas, los grupos de defensa de los pequeños inversores y el público estadounidense es ésta: «¿Se unió Dick Cheney a la campaña de George Bush porque ésta le ofrecía, además del prestigio vinculado a la vicepresidencia, una escapatoria y un pretexto cómodo para liquidar sus participaciones en una empresa que sabía muy próxima a la catástrofe?» Las leyes sobre ética obligan a los miembros de la administración a liquidar los haberes susceptibles, durante su mandato, de generar un conflicto de intereses. Las participaciones masivas de Dick Cheney en Halliburton se incluían en esta categoría. Estaba obligado, por ley, a vender sus acciones. Existe, sin embargo, un detalle turbador. Cheney se unió a la campaña de Bush en agosto de 2000 y, como él mismo declaró: «No hay conflicto [de intereses] mientras no haya prestado juramento, el 20 de enero.» Aun sin quererlo, Dick Cheney planteaba así la pregunta de saber por qué había liquidado más de 30 millones de dólares en acciones sin tener siquiera la obligación de hacerlo: nada le obligaba, en agosto, a vender con tanta prisa, puesto que disponía de seis meses, de mucho más si George W. Bush no hubiera resultado elegido... La posibilidad de un delito de uso fraudulento de información privilegiada, que habría movido a Dick Cheney a librarse de sus acciones sobre la base de informaciones internas, publicadas poco tiempo después, es difícil de descartar. El actual vicepresidente vendió sus participaciones en Halliburton a una cotización de unos 52 dólares. Dos años más tarde, su valor sólo era ya de 13 dólares.

Esta fortuna, extraída de un gigante en declive, ni siquiera está justificada por el talento de hombre de negocios del actual vicepresidente. Sus contactos casi ilimitados por todo el planeta lo habían convertido en un intermediario de primera categoría. Un *middle-man* capaz de poner en contacto a los gobiernos y las grandes multinacionales, o también un hombre capaz de contribuir a la firma de contratos difíciles, por su enorme experiencia en la negociación.

Pero como gerente no fue una lumbrera. O al menos, no una que valiera 30 millones de dólares. Según James Wicklun, analista en el Bank of America Securities, «llegó en un momento en el que cualquier dirigente aceptable podía mantenerse en equilibrio sobre las olas...».

## HALLIBURTON Y LOS RUSOS...

Dick Cheney hizo surf sobre unas aguas que resultaron, en algunas ocasiones, muy turbias. Especialmente cuando Halliburton obtuvo, a comienzos del año 2000, un préstamo público de 489 millones de dólares, garantizado por los contribuyentes, destinado a una sociedad rusa de reputación más bien dudosa.

Halliburton lanzó una campaña de *lobbying* ante el Export-Import Bank, el organismo estadounidense que emite ese tipo de préstamos, a pesar de las protestas del Departamento de Estado que consideraba que semejante acuerdo iba «contra el interés nacional» de Estados Unidos. La firma rusa que estaba en el meollo del debate, Tyumen Oil, tenía a sus espaldas un pasado turbulento, lo cual no desalentó a Dick Cheney y al resto de los dirigentes de Halliburton. La firma BP Amoco, el mayor productor de gas y petróleo de Estados Unidos, pretendía que tras una serie de fraudes y prácticas más que dudosas, Tyumen había robado, sencillamente, una explotación en la que el gigante angloestadounidense tenía una importante participación. Según el Center for Public Integrity (CPI), que publica encuestas vinculadas a las disfunciones de la vida pública de Estados Unidos, y que se interesó por Tyumen en el año 2000, las raíces de esta empresa rusa «se hunden en una red de corrupción vinculada al KGB, al partido comunista, pero también al tráfico de drogas y al dinero procedente del crimen organizado».

Para el representante de Tyumen en Estados Unidos, la célebre firma de abogados Akin and Gump, esos discursos «no se tienen de pie», sin embargo, es cierto que a la sociedad madre a la que pertenece Tyumen, Alfa Group, se la describe a menudo como vinculada por demás al crimen organizado. Aun así, y es algo que a menudo sucede en Rusia, nada puede probarse.

Pero el apoyo de Dick Cheney a esta sociedad se vio recompensado, aunque el aspirante a presidente George W. Bush prometiera en su página web, pocos meses más tarde, «redirigir la ayuda, los préstamos y las inversiones hacia el pueblo ruso, y no ya hacia cuentas bancarias de oficiales corruptos...». En efecto, James C. Langdon Junior, uno de los responsables de la firma Akin and Gump que representa a Tyumen en Estados Unidos, formaba parte de los «pioneros». Se designa así, entre los republicanos, a la elite de los donantes que entregan más de 100.000 mil dólares para apoyar la campaña del futuro presidente...

Claro que semejantes sumas pocas veces se distribuyen por pura simpatía. Los «pioneros» obtienen un acceso casi directo a la Casa Blanca, y un considerable poder de *lobbying*. Un punto importante cuando se defiende una empresa rusa caída en desgracia, que pretende ganar algunos puntos de respetabilidad en Estados Unidos.

## EL VERDADERO ROSTRO DE LA «LIBERTAD IRAQUÍ»

Dick Cheney es, pues, un hombre del petróleo. Va donde está el oro negro, a pesar de los pequeños errores del buen Dios que no siempre lo puso donde debía. La democracia o, también, el medio ambiente (su «plan» sobre energía y exploración petrolera había sido un verdadero escándalo ecológico, que puso en un brete a la administración hasta que el 11 de Septiembre logró que se olvidara) son problemas no ya secundarios sino absolutamente ausentes de su sistema de pensamiento cuando se evocan los intereses petroleros. Si ocupa un puesto en el seno del gobierno, las cosas apenas son distintas. Se recordará el desprecio con el que trató los acuerdos de Kioto, sobre la reducción de gases con efecto invernadero (pues las decisiones sobre la energía siempre fueron competencia de Cheney en esta administración). Se recordará también que, como representante del Congreso, antes de entrar en la primera administración Bush, Cheney votó contra casi todas las leyes sobre protección del medio ambiente. Y no por sadismo, sino sólo porque esos mismos textos estaban en flagrante contradicción con los intereses de los grandes grupos petroleros con los que se codea desde siempre.

¿Y la democracia? En los distintos cargos que ha ocupado, Cheney ha hecho sólidas y personales amistades en toda la región del golfo Pérsico, en especial en esos pequeños emiratos que tan queridos le son y donde le reciben de modo tan cordial. Ahora bien, Arabia Saudí, Omán, Kuwait, Abu Dabi y Qatar son cualquier cosa menos democracias: el rey, el sultán o el emir concentra allí todos los poderes, sin la menor oposición, las mujeres no votan y la disidencia brilla por su ausencia. Aunque el 11 de Septiembre de 2001 cambiara las cosas, Cheney era el hombre de estos regímenes en la Casa Blanca.

«Lo más increíble —nos reveló un alto responsable del Departamento de Estado— es que la colusión entre asuntos de Estado y asuntos privados aparezca a plena luz. Cuando vemos a un obrero iraquí explicando cómo Kellog Brown & Root fue a poner en marcha una estación de bombeo en Um Qasr, cuando esta sociedad estaba dirigida todavía por Cheney, hace menos de tres años, creemos estar soñando. Esta guerra de liberación adopta, en mi opinión, cada vez menos precauciones con su imagen. Se habló primero de las armas de destrucción masiva, luego de los vínculos con el terrorismo y, finalmente, nos limitamos a ocupar el país y a hacer que extraiga petróleo. En definitiva, los delirios inmemoriales de los europeos sobre el imperialismo de Estados Unidos tal vez encuentren ahora justificación...»

Las derivaciones políticas son muy reales, y el conflicto que acaba de terminar puede explicarse por medio de dos filosofías radicalmente distintas. De hecho, se atacó Bagdad por un gran número de razones, salvo, tal vez, por las que se alegan.

En el clan de los halcones proisraelíes, el 11 de Septiembre y la lucha antiterrorista representaron una verdadera «oportunidad» que les ha permitido poner en práctica, sin la menor modificación, las estrategias políticas que preconizaban desde hacía mucho tiempo. Y, como explicación, blandían, con la misma mano, a Bin Laden, las armas de destrucción masiva y los vínculos de al-Qaeda con Saddam Hussein. En realidad, la guerra en Irak representa el primer paso de la política de los neoconservadores en Oriente Próximo, como sus informes explicaron a lo largo de toda la década de 1990. Se explica también por su feroz voluntad de contribuir a la seguridad regional de Israel, por medio del gradual debilitamiento de sus enemigos, como Irak y Siria, en beneficio de aliados como Jordania.

Aunque sus objetivos sean radicalmente distintos, Dick Cheney suscribe en su totalidad la remodelación de Oriente Próximo que hoy se está llevando a cabo mediante los consejos interesados de los halcones. Israel no preocupa al vicepresidente, al menos no de modo tan pasional como a Perle, Wolfowitz, Feith o Abrams. En cambio, la implantación duradera y exclusiva de las compañías petroleras estadounidenses en un país que podría, potencialmente, convertirse en el segundo productor de la zona sí puede resultarle seductora.

Ninguno de los dos grupos es honesto. Quienes hoy pretenden vengar a las víctimas del 11 de Septiembre y perseguir las organizaciones terroristas se han lanzado a una guerra que beneficia sus intereses y sus lógicas respectivas, y han utilizado este drama como un pretexto, aun sabiendo que no puede cuestionarse. Los halcones representan los intereses de quienes piensan que Israel sólo triunfará por la fuerza. Cheney representa a los gigantes petroleros y, con su mujer, a la extrema derecha estadounidense (es, por ejemplo, uno de los más feroces detractores del aborto, incluso en el caso de violación o incesto), comprometido en una alianza contra natura con los «duros» de Jerusalén. Lo más sorprendente en el periodo actual, que supone un giro de gran importancia en la historia de nuestro mundo, es este choque entre dos escuelas de pensamiento a las que todo separaba y que se encuentran unidas, finalmente, en un improbable campo de batalla: Irak.

Los negocios de Dick Cheney, su proximidad a Halliburton y los grupos petroleros estadounidenses no son, a buen seguro, el origen de la caída de Saddam Hussein. Ésta es sin duda obra de los halcones, que demostraron al presidente de Estados Unidos que había llegado la hora de restaurar la grandeza del país, de cambiar su entorno y, en especial, el del golfo Pérsico. Los halcones soñaban con ello desde hacía años, y esta administración republicana de nuevo corte, proclive —cómo no— a las decisiones unilaterales, se mostró muy dispuesta a escucharles.

Pero aunque Dick Cheney no fuera el origen de esta guerra es en parte el origen del actual giro de los acontecimientos. Lo que nos habían presentado como una empresa de democratización de Irak resulta ser, en cierta medida, una triste farsa: el orden no está asegurado en las ciudades, pero se reparan ya las estaciones de bombeo. Los hospitales no funcionan, pero KBR ha apagado ya los pozos de petróleo... Toda la realidad del conflicto comienza a aparecer: un Irak neutralizado y puesto bajo la tutela de las compañías petroleras (exclusivamente estadounidenses) que están implantándose ya.

¿Diferencia entre los discursos oficiales y la realidad? ¿Por qué va a resultar sorprendente cuando sabemos que Dick Cheney estaba a la cabeza de un grupo que trataba con Irak, Irán y Libia? Un grupo pagado por Bagdad antes de que su presidente y director general se convirtiera en vicepresidente y decidiese derribar ese mismo régimen. A los miembros de la administración de Bush no les viene ya de una contradicción, pues dinero y política ya están mezclados en todos los ámbitos del poder.

# 11

A este respecto, otro responsable actual representa un caso didáctico, tan emblemático es el afán por los negocios —impune— que prevalece hoy en Washington. «El honorable señor White», como le describe la página web de la Casa Blanca, fue nombrado por George Bush secretario adjunto al mando del ejército de Estados Unidos. Este militar revela dos cosas. En primer lugar, que el pasado no tiene importancia alguna cuando se dispone de un protector lo bastante poderoso en el seno de la administración. En segundo lugar, que la ética inherente a las funciones oficiales puede transgredirse ampliamente aunque el asunto salga a la luz, sin que la cosa suponga sanciones graves.

El pasado de Thomas White, en efecto, supera el marco de la controversia. En 1990, por aquel entonces general de brigada, abandona el ejército —donde ha servido con valor, en combate, durante la guerra de Vietnam— para integrarse en las filas de la firma Enron que fue luego tristemente célebre porque originó uno de los mayores escándalos financieros del planeta.

Ese hombre, que prometió instaurar «prácticas más

sanas» en las negociaciones comerciales del Pentágono, es probablemente el menos adecuado para hacer semejantes declaraciones. En el seno de Enron, Thomas White era responsable de una división llamada Enron Energy Services (EES), y responsable de los grandes contratos de mantenimiento y aprovisionamiento de energía. De hecho, la estructura de esta sociedad y el modo en que retribuía a sus responsables estaban del todo viciados. Un contrato de aprovisionamiento en electricidad, firmado para quince años, por ejemplo, no permitía en caso alguno prever los beneficios totales del periodo. Habría sido necesario ser capaz de anticipar, todo junto y a la vez, las cotizaciones del petróleo, los gravámenes gubernamentales, el grado y la rapidez de la liberalización de los mercados de la energía, y todo ello de un estado del país a otro... De hecho, se trataba de un verdadero trabajo de adivino, que no podía apoyarse en base racional alguna.

Sin embargo, se pagaba a los responsables por medio de extrapolaciones del todo fantasiosas sobre el porvenir. Los contratos, aunque sólo se hubiera liquidado una parte ínfima del montante global, eran considerados beneficiosos durante los diez o quince años siguientes, y los gerentes cobraban de inmediato, en función de esas ganancias totalmente ilusorias.

Como en todas las «pirámides», el sistema funcionaba conforme llegaban los nuevos contratos, cubriendo así cada uno de ellos la comisión del precedente. Luego se derrumbó todo el edificio. «Se hacía evidente que EES estaba inscribiendo contratos desde hacía dos años y perdía dinero en cada uno de ellos», declaró uno de los empleados, Margaret Ceconi, en un mensaje de correo electrónico que envió a los dirigentes de Enron, para avisarles de la situación, explicando que se habían ocultado así, en el seno de EES, pérdidas de más de 500 millones de dólares.

La quiebra del grupo, que iba a producirse poco después, permitió al gigante de la energía protegerse de la increíble suma de las deudas acumuladas por el hombre al que la Casa Blanca ha colocado al frente de un presupuesto de varias decenas de miles de dólares. White mantiene que «EES era un negocio muy bueno, y que no había allí irregularidad contable alguna». En ambos casos, la situación es más que preocupante: o estaba (muy probablemente) al corriente de las manipulaciones que se producían, y es culpable de fraude, o estas operaciones pasaban por delante de sus narices sin que las advirtiera, y su incompetencia resultará un grave problema para el ejército de tierra que hoy dirige.

Pero más allá de esta gigantesca manipulación, Thomas White utilizaba también sus contactos en el ejército para favorecer a Enron en las negociaciones de contratos militares.

En 1999, la empresa obtuvo un contrato de 25 millones de dólares para encargarse del aprovisionamiento de energía (gas y electricidad) de Fort Hamilton, cerca de Brooklyn. Las condiciones en las que se llevó a cabo la licitación recuerdan la concesión de los primeros mercados iraquíes a Halliburton.

Fort Hamilton es una base del ejército de tierra, cuerpo en el que White desempeñó toda su carrera militar, y donde sus contactos son más sólidos.

La Comisión de Servicio Público del estado de Nueva York, con el respaldo del ejército, concedió a Enron una exoneración de las reglas de seguridad y de medio ambiente. Curiosamente, esta exoneración sólo se otorgó a esta empresa: su principal rival en la negociación, Con Edisson, debió cumplir esas medidas suplementarias muy coercitivas y, sobre todo, muy onerosas, lo que le hizo perder el mercado.

Ya que sabemos que Thomas White dirigió de principio a fin las negociaciones de Fort Hamilton para Enron, podemos preguntarnos sobre esa extraña exoneración.

«Fort Hamilton era el primer ejemplo que iba a demostrar que la privatización funcionaba. De hecho, se convirtió en el prototipo de una operación frustrada...», declara Timothy Mills, un abogado de Washington especializado en *lobbying* ante el ejército para beneficio de las compañías de energía.

En ocasiones parece incluso que el asunto se hubiese montado para desalentar pura y simplemente las licitaciones de los competidores de Enron. Así, el ejército estipulaba en sus condiciones que la firma que obtuviese el contrato debía adquirir los generadores de la base; un punto negro que acarreaba gravámenes fiscales considerables, haciendo que el mercado fuese mucho más atractivo y el presupuesto, más importante. Ahora bien, al negociar las cláusulas finales del contrato con Enron, el ejército cambió su decisión y aceptó una fórmula de *leasing* que eximía a la empresa de diversas y variadas cargas.


El Pentágono es un organismo notoriamente opaco cuando se trata de licitaciones y adquisición de material diverso. La sobrefacturación es allí moneda corriente, y los controles, especialmente laxos. Los arreglos sobre el presupuesto, los precios y los servicios no son cosa del pasado, pero en el caso de Thomas White se integran en una verdadera nebulosa de mercantilismo e incompetencia, especialmente turbadora cuando sabemos que, hoy por hoy, los presupuestos militares de los que es responsable están en plena expansión. Incompetencia y mercantilismo en toda su gestión de EES, durante su paso por Enron. Colusión con los responsables militares en el caso de Fort Hamilton... Pero la lista no se detiene ahí.

A pesar de una historia desastrosa, a pesar del hecho de que presidió los destinos de una sociedad que acumuló casi 500 millones de dólares en pérdidas, White no recibió reprimenda alguna. De hecho, abandonó Enron con una verdadera fortuna: al entrar en la administración Bush, declaró acciones y *stock options* por un valor comprendido entre los 56 y los 130 millones de dólares. Tras la caída de las cotizaciones de Enron, se quejó públicamente de haber sufrido importantes pérdidas financieras, puesto que «sólo» logró obtener 12 millones de dólares. Pero los distintos sistemas de compensación, de salario, y de bonificaciones le permitieron embolsarse en total casi 31 millones de dólares. Para un antiguo general de brigada, pasado a los negocios y que sólo ha logrado fracasos, podemos considerar, de todos modos, que está bien pagado.

Como todos los dirigentes de Enron, que fueron los únicos en enriquecerse con el asunto, los beneficios de White son ya escandalosos por sí mismos. Podemos preguntarnos cuál era el objetivo que buscaba George Bush al llamar a un hombre que cristaliza lo más amoral y escandaloso de cuanto hay de ello en los escándalos financieros de estos últimos años. Pero «el asunto» White está muy lejos de detenerse ahí...

En enero de 2002, varios meses después de que el secretario adjunto hubiera desvelado el asombroso monto de su fortuna, el Comité para los Ejércitos del Senado se enteraba de que White había aceptado recibir algunas rentas, en parte procedentes de Enron, que violaban los procedimientos que obligaban al secretario a liberarse de cualquier dependencia financiera. Los senadores Carl Levin y John Warner declararon: «No creemos que sus actos estén de acuerdo con las exigencias de este Comité...» Un eufemismo, cuando se sabe que, un mes más tarde, estos mismos investigadores descubrirían 50.000 acciones, depositadas en 1996 por un valor de un millón de dólares en un fondo de inversión y que White ocultó al ocupar su cargo. El secretario había firmado, sin embargo, un documento que le obligaba a liberarse de cualquier vínculo que pudiera constituir un conflicto de intereses entre su nueva y su antigua posición.

Ahora bien, en una maniobra muy paradójica para evitar los mencionados conflictos, White mantuvo contactos regulares y estrechos con los responsables de Enron.

Public Citizen, un organismo de vigilancia independiente que controla la moralidad de la vida pública, exigió explicaciones con respecto a 29 entrevistas y conversaciones con responsables de Enron, mientras el secretario adjunto ocupaba ya su cargo en la administración Bush (y obtenía de esta sociedad una participación por medio de sus 50.000 acciones y el pago de una renta).

«Así funciona Washington. Se devuelven la pelota entre lo privado y lo público, pasando alternativamente de lo uno a lo otro durante su carrera —nos decía un alto responsable del Departamento de Estado—. Pero, y es el problema de esta administración en muchos ámbitos, las maniobras son tan flagrantes que escandalizan incluso a los más veteranos de [la política] de la capital federal...» Porque a White no se lo castigó o destituyó de su cargo. Esta notable indulgencia, como veremos más adelante, constituye un elemento del todo nuevo en la política estadounidense, pero no calmó sus ánimos, ni mucho menos. Cuando ya ocupaba su cargo, White pidió ni más ni menos que un avión del ejército para ir a Colorado con su esposa, con el fin de firmar la venta de un chalet de montaña que pertenecía a la pareja, por la módica suma 6,5 millones de dólares. Según el mismo responsable del Departamento de Estado que hemos mencionado antes, «estamos acostumbrados a este tipo de cosas en los dirigentes africanos o suramericanos. Sin embargo, precisamente cuando Estados Unidos se erige en defensor de la democracia, nuestros responsables vuelven a prácticas que sólo se encuentran en las corruptas dictaduras del tercer mundo...»; White, debemos recordarlo, violó dos reglas de sobra harto conocidas y enunciadas en una directriz del Departamento de Defensa de 1997: «Las autorizaciones [de vuelo] deben establecer claramente que el objetivo [del viaje] es oficial y no personal [...]. Por regla general, los miembros de la familia no deben ir acompañados del cónyuge en visita oficial. A excepción de los casos en que la presencia de un miembro de la familia se requiera imperativamente por motivos oficiales.» White, puesto de manera ostensible entre la espada y la pared por su propia deshonestidad y las airadas reacciones de los estadounidenses, declaró que incluso estaba dispuesto a abandonar su cargo si se lo pedían. Por desgracia, todo el mundo se lo pidió, salvo el presidente. Y ahí se encuentra, a buen seguro, el punto más extraño de esos «asuntos White», que se encadenan sin que el jefe del ejecutivo de Estados Unidos reaccione, en apariencia.

## BUSH, O LA ADMINISTRACIÓN DE LA IMPUNIDAD...

Se piense lo que se piense del sistema estadounidense, los responsables políticos de ese país están sometidos a una presión que no existe en ninguna otra parte y que implica la transparencia más absoluta, en los asuntos privados, de quienes se hallan en la cima del poder. El menor detalle de su vida, de su pasado y de los negocios de cualquier orden en los que hayan podido estar implicados, son objeto de análisis detallado por parte de la prensa y de los famosos *watchdogs*, esos organismos independientes que controlan la moralidad de la vida pública nacional.

Por no citar casos como el Watergate, que constituyen auténticos delitos que pertenecen al ámbito judicial y acarrean condenas de prisión y también multas, los *watchdogs* disponen de un terreno de investigación mucho más amplio. Haberse drogado en la universidad, haberse acostado con la secretaria... Todo es considerado como una afrenta a la confianza del pueblo, y mantiene a los responsables del país en una especie de asiento eyectable. La carrera más perfecta y más intachable puede sumirse en la nada si una brecha, por ínfima que sea, se descubre bajo la coraza del personaje público. Pues bien, la carrera de Thomas White está lejos, muy lejos, de ser perfecta. Pero, a diferencia de las administraciones precedentes, ya fuesen republicanas o demócratas, la actual sigue permaneciendo del todo pasiva.

Harold Talbott, durante la presidencia de Eisenhower en 1955, por aquel entonces secretario de la Fuerza Aérea, mantuvo reuniones de negocios en una base aérea (él no tomó avión alguno...). El presidente lo cesó de inmediato, aunque a diferencia de White no hubiese violado ley ni directriz interna del ejército alguna. Durante la presidencia de Bill Clinton, David Watkins tomó un helicóptero para ir a un campo de golf. Dimitió al día siguiente de que el escándalo se diera a conocer.

Hay infinidad de ejemplos en toda la historia contemporánea del país. Incluso durante la administración de George Bush senior, el consejero presidencial John Sununu tuvo que dimitir tras haber utilizado un vehículo del gobierno para dirigirse a una convención de filatélicos.

Pero la administración de George W. Bush supone una ruptura total con los criterios comúnmente admitidos en materia de ética. Sin embargo, no faltan los ejemplos. Karl Rove, el omnipotente consejero presidencial del que se murmura que rivaliza en importancia con Dick Cheney, recibió a dirigentes de la firma Intel en la Casa Blanca, a pesar de haber sido accionista de esa empresa. Mientras que durante los dos primeros años de la presidencia de Bill Clinton diez responsables políticos habían dimitido ya, el nuevo equipo sólo perdió un miembro en dieciocho meses. Michael Parker, un responsable de segundo orden, ni siquiera fue víctima de un *watchdog* o de una revelación de la prensa: simplemente se le acusó de «deslealtad» para con la administración, la única tara que, al parecer, puede justificar una sanción.

Algo ha cambiado, es innegable. Ninguna otra administración habría mantenido en sus filas a un hombre como White. Según el periodista Joshua Green, autor de una investigación muy profunda sobre el secretario adjunto que apareció en el *Washington Monthly* de agosto de 2002, éste está más sorprendido que nadie de permanecer en su cargo y haber superado la actual tormenta...

La administración Bush ha cambiado muchas cosas, tanto en el extranjero como en Washington, sobre el modo de conducir los asuntos políticos del país. La impunidad que parece reinar hoy oculta de hecho un cambio profundo, en el que la lealtad de un jefe reviste mayor importancia, y la ética y la moral quedan en un segundo plano. Bush está en guerra, y la guerra pocas veces es limpia. Lo que prima en el campo de batalla no concierne a las buenas costumbres, ni a la cortesía, ni a los principios. Lo que prima en el combate es la lealtad de quienes te sirven.

Bush quiere colaboradores leales. Lo demás le importa bien poco. En otras circunstancias, los *watchdogs* y la prensa le habrían hecho doblegarse. El 11 de Septiembre y la lucha antiterrorista le confieren un poder gigantesco. Hoy, cuestionar a los hombres del presidente es cuestionar al propio presidente y toda la lucha antiterrorista. Y la tan temida etiqueta de «antipatriota» puede pender de cualquiera que lleve adelante sus críticas...

El presidente y sus hombres están en guerra. Pero tienen un pasado, amistades y, muchos de ellos, una feroz voluntad de enriquecerse. Aunque participen en esta «lucha contra el mal» no dejan de ser antiguos hombres de negocios, dispuestos a aprovechar las oportunidades que se presenten, ocultándose tras sus funciones oficiales. Dick Cheney, Richard Perle, Thomas White... Para ellos, la guerra es un deber, pero también un refugio. Perle califica a los periodistas demasiado críticos de «terroristas», Dick Cheney es demasiado poderoso para que lo inquiete su pasado en Halliburton, y Thomas White, por su parte, se refugia en el seno de una inextricable maraña de alianzas y protecciones que explican, en parte, su longevidad.

Su mentor es Colin Powell, el secretario de Estado. Aunque su estrella decline, este antiguo general sigue siendo un peso pesado del equipo presidencial, y su hijo ocupa, además, un puesto importante en el seno de la administración federal. Tocar a White es atacar a Powell. Calvin Mackenzie, profesor de estudios políticos en el Colby College, declara: «Si tiene usted un protector que le cuide. Si es un hombre de alguien, entonces puede soportar mucho mejor los ataques y permanecer durante más tiempo...»

Semejantes «protecciones» y redes son más eficaces en esta administración de lo que fueron en cualquier otra.

La honestidad y la integridad son hoy virtudes relegadas a un segundo plano. Lo que prima es la lealtad. Colin Powell, tras haber intentado convencer a la Casa Blanca de que adoptase una actitud más multilateralista y más abierta en la comunidad internacional, se alineó tras su jefe en cuanto las condiciones lo exigieron. Cumplió con su misión, y Bush no pide más. Y ya que castigar a White es, indirectamente, atacar a Powell, ningún senador de la Comisión de las fuerzas armadas se ha atrevido a seguir con sus investigaciones y sus sanciones.

La práctica totalidad del actual equipo parece vivir en un universo cerrado e intocable. No opaco, a decir verdad, en la medida en la que los escándalos, los «asuntos» y los conflictos de intereses salen a la luz como ocurrió en las anteriores administraciones. El *New York Times* pidió la inmediata dimisión de Thomas White, en editoriales de tal virulencia que habrían producido un efecto devastador durante el mandato de cualquier otro presidente que no fuera George W. Bush...

En un país que cuenta con un presidente que nunca ha manifestado la menor sutileza, la guerra ha dado lugar a un maniqueísmo más profundo aún. Sean o no fundadas las críticas, se refieran a personas en concreto o a toda la administración, ya no hay diferencia alguna. «A favor o en contra.» No cabe matiz alguno entre ambas opciones. Así, la política que hoy se hace favorece todas las desviaciones mercantilistas a las que asistimos. Esta impunidad es especialmente perjudicial en la medida en que no se limita a absolver a los culpables: empuja a los demás a comportamientos similares.

Liberado de parte de sus obligaciones, legales y sobre todo morales, el presidente creía tener las manos libres para combatir el terrorismo y golpear a los enemigos de Estados Unidos. De hecho, corre el riesgo de favorecer la emergencia de un gobierno desacreditado por los deslices y las flagrantes demostraciones de su mercantilismo.

Numerosos medios de comunicación lo afirman, al igual que algunos miembros de la administración (protegidos por el anonimato, claro está). Pero, paradójicamente, a George Bush parece fortalecerle la adversidad y se muestra muy seguro en su idea de que no hay que prestar atención a estas múltiples críticas, si su gobierno quiere seguir siendo lo bastante fuerte para continuar con su lucha. «Es un cacique más que un presidente», declaraba un responsable de la DIA, los servicios secretos militares estadounidenses.

Responsables como White, a quien la prensa ha apodado el «escandalizador en serie», como Cheney o, también, como Perle —quien considera que Arabia Saudí es un adversario pero no vacila en recurrir a este país para financiar sus propios negocios—, pueden poner en peligro los objetivos perseguidos.

El equipo de los halcones, que quiere remodelar Oriente Próximo por medio de la democracia, parece caer cada vez más en los esquemas simplistas y caricaturescos de algunos de sus oponentes.

Bush no refuerza su equipo manteniéndolo alejado de las críticas y las sanciones. Lo debilita y le resta credibilidad ante la comunidad internacional. La opinión pública estadounidense, la única que preocupa al presidente, está tradicionalmente poco interesada por los problemas extranjeros y poco informada sobre temas que rebasan sus fronteras. Han dicho a la población de Estados Unidos machacona, reiteradamente, en la mayoría de cadenas de televisión, que al-Qaeda estaba en Irak, que existían vínculos entre Saddam Hussein y Ossama bin Laden y que las armas del uno pronto estarían en casa del otro. Una inmensa mayoría de estadounidenses lo ha creído y piensa que el mundo estará más seguro sin Saddam Hussein. Irak nada ha perdido con la caída de su dictador. Pero Estados Unidos no ha ganado nada, salvo una victoria militar que marca el comienzo de un nuevo periodo, largo y complejo, para el cual la primera nación del mundo, en pleno déficit comercial, probablemente no tendrá medios para asumir a largo plazo.

Sin embargo, los estadounidenses lo creen y apoyan a su presidente, porque es la guerra. El 2 de mayo de 2003, George Bush descendió de un avión de caza a un portaaviones estadounidense para declarar que «la mayoría de las operaciones militares en Irak había terminado», lo que afloja la presión sobre las críticas y normaliza la situación. Cuando el pueblo de Estados Unidos observe con mayor atención a quienes componen el equipo presidencial, y vea sus excesos personales, a la Casa Blanca le será cada vez más difícil refugiarse tras los conflictos en curso, o en preparación.

## UNA ADMINISTRACIÓN «COMPACTA»...

Sean cuales sean los clanes y las rivalidades en el seno de la administración, cada uno de sus miembros evita poner al otro bajo los focos, temiendo ser el próximo en la lista. Muchos de los responsables tienen hoy un pasado lo bastante discutible para temer una reacción en cadena que, tras el primer escándalo y la primera dimisión, les arrastraría a un verdadero descenso a los infiernos. Esta ley del silencio constituye uno de los aspectos más sorprendentes del periodo actual. Y explica por qué un hombre como Thomas White permanece en su cargo. Si cayera, el tabú se habría roto, pues desde hace dos años no se ha destituido de sus funciones a nadie por falta de ética.

Este espíritu corporativo, a pesar de las divergencias de los puntos de vista y los intereses, a menudo agudas, entre las distintas figuras del poder, se explica por el hecho de que componen esta administración, en su práctica totalidad, antiguos conocidos, si no viejos amigos...

Perle, Feith, Wolfowitz y Abrams se conocen desde hace más de treinta años. Cheney trabajó para Rumsfeld. Rumsfeld estaba en el consejo de administración de la firma ABB cuando ésta vendió centrales nucleares a Corea del Norte, que se ha convertido luego en un miembro del eje del mal. ABB es también miembro de USA Engage, una de cuyas figuras emblemáticas era Halliburton, que dirigía entonces Dick Cheney, al igual que Boeing, por cuya cuenta Karl Rove fue incluso consultor.

Los vínculos que los unen mezclan política y negocios privados. Son sólidos y poderosos. Cuando George Bush fue elegido, el equipo estaba listo. No hubo vacilación alguna y la cohesión de sus miembros se reforzó más aún, lo que no sucedió en las precedentes administraciones. Joshua Green, en el artículo antes citado, menciona a un responsable que trabajó con Bill Clinton y que declara: «Los primeros años [de este presidente] fueron de verdadero aficionado. Nadie sabía cómo "proteger" a sus responsables [frente a los ataques de que eran víctimas]. Y así los tiraron por la borda.»


Nada de todo eso ha ocurrido con el nuevo equipo, que sabía apoyarse a la perfección y protegerse de sus adversarios, y que conocía mejor que nadie los engranajes de Washington y las trampas que debía evitar. Dick Cheney y Donald Rumsfeld están presentes en la escena nacional desde hace varios decenios y han acumulado un perfecto dominio de las trampas que se esconden en los pasillos de la Casa Blanca, el Pentágono o, también, el Congreso.

Pero su «oficio» de políticos y el miedo que sienten al

ver cómo los escándalos de los demás mancillan su propia reputación no explican por completo la impunidad que hoy reina: la supresión, desde 1999, del cargo de fiscal independiente concede al actual equipo una libertad de maniobra mucho más amplia que en el pasado. Esta fiscalía, que se estrenó durante el mandato de Jimmy Carter con la investigación de las acusaciones de consumo de drogas hechas contra el secretario general de la Casa Blanca, Hamilton Jordan, produjo durante los dos últimos decenios una avalancha de dimisiones.

Sin duda esa fiscalía habría investigado los numerosos problemas vinculados a la actual administración. Pero el Congreso no la renovó en 1992, y sólo la reactivó en dos ocasiones, en 1994 y 1999, para asuntos referentes a la administración de Bill Clinton.

El propio legislativo parece perder la agresividad que, en el pasado, le había permitido sacar a la luz numerosos fraudes y abusos de la clase política. La Cámara de Representantes está controlada por los republicanos, cuyo líder, Tom de Lay, es un cristiano fundamentalista totalmente afecto a las tesis de los halcones y demás partidarios de la guerra en el seno de la administración. Un hombre que declara, en concreto: «Feminismo, humanismo... ¿Cuándo dejaremos de creer en estos "ismos" para admitir que el hombre es un pecador y que debe inclinarse ante el Señor?» Puesto que comparte una visión del mundo y de los problemas internacionales tan abrupta como la del presidente, no está dispuesto en absoluto a avalar investigaciones y persecuciones que afectarían a la credibilidad de una administración que es muy de su gusto. Por lo que al Senado se refiere, brilla por su ausencia.

Todo se conjuga, pues, para conferir a los dirigentes actuales la impunidad de la que parecen gozar. Su credibilidad se erosiona peligrosamente cuando se observan las responsabilidades que el propio Estados Unidos ha decidido asumir en Oriente Próximo. Se afirmaba desde hace mucho tiempo, en medios calificados entonces de antiestadounidenses, que el petróleo y los negocios eran el núcleo del conflicto iraquí. La Casa Blanca explicaba con cierta credibilidad que no.

Hoy, las compañías petroleras invaden Irak antes, incluso, de que puedan instalarse las ONG. En esta administración, donde se codean halcones fieros defensores de la seguridad de Israel, hombres de negocios sin escrúpulos ni especial generosidad, como Dick Cheney, o también figuras que, simplemente, se han convertido en impresentables, como Thomas White, uno se pregunta quién puede hablar todavía del interés de Irak.

El gran escritor Norman Mailer esboza, en ¿*Por qué estamos en guerra?*, un cuadro lúcido y desengañado de esta evolución del poder estadounidense. «En la década de 1930 —escribe—, bastaba con ganarse la vida para merecer el respeto. En la década de 1990, había que demostrar la propia valía con una rapacidad sin límites. Tal vez todo el proyecto imperial descanse en una clase superior escandalosamente rica que, puesto que siente que su prosperidad siempre es objeto de envidia y está amenazada, es poco proclive a querer de todo corazón la democracia. Si se acepta esta premisa, puede afirmarse que la pasmosa riqueza acumulada durante este decenio ha creado la incontenible necesidad, en el más alto nivel, de pasar de la democracia al imperio, puesto que éste garantiza los enormes beneficios amasados con tanta rapidez.»

¿Y si Estados Unidos acabara poniendo en su contra al resto del mundo?, se preocupaba Eric Alterman en *The Nation*. «Hasta cierto punto, tal vez seamos los únicos que estemos siempre ahí», reconoció Bush, mientras que uno de sus colaboradores, como un eco, declaraba: «A mí, me conviene. Somos Estados Unidos...».

# Fuentes bibliográficas

## La guerra de Bush

### Capítulo 1

KOUWENHOVEN, John A.: *Partners in Banking*, Brown Brothers Harriman, Doubleday.

LEVINSON, Charles y LAURENT, Eric: *Vodka Cola*, Editions Stock. [Versión en castellano: Vodka-Cola, Dopesa, Barcelona, 1978.]

SUTTON, Anthony C.: *Wall Street and the Rise of Hitler*, 76 Press California, 1976.

TARPLEY, Webster y CHAITKIN, Anton G.: *George Bush, the Unauthorized Biography*, The Executive Intelligence Review.

THYSSEN, Fritz: *I paid Hitler*, Kennikat Press, 1972. [Versión en castellano: *Yo financié la ascensión de Hitler*, Zig-Zag, Santiago de Chile, 1942.]

WILES, Rick: *American Freedom News* (septiembre de 2001).

### Capítulo 2

ABC News (1-10-2001).

BAMFORD, James: *The Puzzle Palace*, Houghton Mifflin, 1984.

BEATY, Jonathan y GWYNNE, S. C.: *The Outlaw Bank*, Random House, 1993.

BREWTON, Pete: *The Mafia, CIA and George Bush*, S.P.I. Books.

COLBY, William: *Honorable Men*, Simon and Schuster.

CONASON, Joe: *George W. Bush Success Story*, Harper's Magazine (febrero de 2000).

HATFIELD, James H.: *Fortunate Son*, Saint Martin's Press (noviembre de 1999).

*Intelligence News Letter* (3-3-2000).

LAURENT, Eric: *La Puce et les Géans*, Fayard, 1983, prefacio de Fernand Braudel. [Versión en castellano: *El chip y los gigantes*, Editorial Tecnos, Madrid, 1985.

MARCHETTY, Victor y MARKS, John: *La CIA et le culte du renseignement*, Laffont, 1975.

PERRY, Mark: *Eclipse, the Last Days of the CIA*, Morrow, 1996.

TARPLEY, Webster y CHAITKIN, Anton G.: *George Bush, the Unauthorized Biography*, The Executive Intelligence Review.

TRUELL, Peter y GURWIN, Larry: *False Profits*, Houghton Mifflin, 1992.

*USA Today* (29-10-1999).

*Wall Street Journal* (27 y 28-9-2001).

WISE, David: *Politics if lying*, Random House.

## CAPÍTULO 3

CONASON, Joe: «George W. Bush success story», *Harper's Magazine* (febrero de 2000).

CORN, David: *The Nation* (27-3-2000).

*Dallas Morning News* (15-2-2000).

HATFIELD, James H.: *Fortunate Son*, Saint Martin's Press (noviembre de 1999).

*Hindustani Times* (28-9-2001).

*Judicial Watch* (3-3-2001).

KLAYMAN, Larry: *Judicial Watch* (28-9-2001).
LAZARUS, David: <sfgate.com>
MILBANK, Dana: *Washington Post* (6-9-2002).
*New York Times* (5-3-2001).
NISS, Jason: *The Independant* (13-1-2002).
PHILLIPS, Kevin: *Harper's Magazine*, 2000.
*The Guardian* (31-10-2001).
*The Guardian* (7-11-2001).
*Wall Street Journal* (19 y 20-9-2001).
*Wall Street Journal* (27 y 28-9-2001).
*Washington Post* (29-5-2002).

## EL MUNDO SECRETO DE BUSH

## CAPÍTULO 1

CLARKSON, Frederick: *Eternal Hostility: the Struggle between Theocracy and Democracy*, Common Courage Press, 1997.
FINEMAN, Howard: «Bush and God», *Newsweek* (10-3- 2003).
FRUM, David: *The Right Man*, Random House, 2003.
HALTER, Marek y LAURENT, Eric: *Les Fous de la paix*, Plon/Laffont, 1994.
IVINS, Molly y DUBOSE, Lou: *Shrub, The Short but Epic Political Life of George W. Bush*, Vintage Books, 2000.
KISSINGER, Henry: *La Nouvelle Puissance américaine*, Fayard, 2003.
MAILER, Norman: *Le Nouvel Observateur* (13/19-3-2003).
MILBANK, Dana y NAKASHIMA, Hellen: *Washington Post* (25-3-2001).
*The Observer*: «Beware Bush American Dream» (21-1-2001).
THOMPSON, Carolyn B. y WARE, James W.: *The Leadership Genius of George W. Bush*, John Wiley and Sons, 2002.
WOODWARD, Bob: *Bush s'en va en guerre*, Denoël, 2003. [Versión en castellano: *Bush en guerra*, Península, Barcelona, 2003.]

## Capítulo 2

Baer, John M.: «Hardly a Right-Wing Cause He Can Refuse», *Philadelphia Daily News*.

Bellant, Russ: «The Coors Connection», Political Research Associates, 1990.

Brock, David: «Blinded by the Right: the Conscience of an ex-Conservative», Three Rivers Press, 2003.

Brooks, David: *Newsweek* (6-3-2000).

Byrne Edsall, Thomas : *The New Politics of Inequality*, Norton, 1984.

*Columbia Journalism Review*: «Citizen Scaiffe» (julio-agosto de 1981).

Chinoy, Ira y Kaiser, Robert: *Washington Post* (2-5-1999).

*Detroit Metro Times*: «Victoria Cross» (22-1-1986).

Hatfield y Waugh: «The right's smart bombs», *San Francisco Examiner* (24-5-1992).

Hersh, Burton: *The Mellon Family*, William Morrow Company, 1978.

Hicks, Jonathan P.: *The New York Times* (25-7-1985).

Howell, Leon: «The Role of Four Sisters: Funding the War of Ideas», *Christian Century* (19/26-7-1995).

Kaiser, Robert G.: *Washington Post* (3-5-1999).

Knudson, Thomas: *The New York Times* (7-9-1987).

Kuntz, Phil: *Wall Street Journal* (12-10-1995).

*Los Angeles Times*: «Eric Baley» (5-7-1995).

National Campaign for Freedom of Expression: *Who Funds the Radical Right?* (otoño de 1995).

Ridgeway, James: *The Nation* (22-12-1997).

Schapiro, Mark: *Who is Behind the Culture War?*, Nathan Cummings Foundation, 1994.

Soley, Lawrence C.: «Right-think Inc.», *City Pagers* (31-10-1990).

Soley, Lawrence C.: *Leasing the Ivory Tower: the Corporate Takeover of Academia*, South and Press, Boston, 1995.

The Economist: «The Charge of the Think Tanks» (15-2-2003).
*The Nation*: «Dollars for Neocon Scholars» (1-1-1990).
*US News and World Report*: «The Christian Capitalists» (13-3-1995).
*Washington Post*: «Coors Drops Libel Suit Against Paper» (26-8-1987).
*Washington Post*: «The Scaife Foundation» (2-5-1999).


CAPÍTULO 3

ALTERMAN, Eric: «The Right Books and Big Ideas», *The Nation* (22-11-1999).
BOROSAGE, Robert: «The Mighty Wurlitzer», *The American Prospect* (6-5-2002).
BROCK, David: *Blinded by the Right: the Conscience of an Ex-Conservative*, Three Rivers Press, 2003.
CALLAHAN, David: «One Billion for Conservative Ideas», The Nation.
CONASON, Joe y LYONS, Gene: *The Hunting of the President*, Thomas Dunne Books, 2000.
CHINOY, Ira y KAISER, Robert: *Washington Post* (2-5-1999).
D'SOUZA, Dinesh: *The End of Racism*, Touchstone Books, 1996.
HOROWITZ, David: *The Art of Political War*, Center for the Study of Popular Culture, 1999.
MARQUIS, Christopher: *The New York Times* (12-12-2000).
MURRAY, Charles y HERRNSTEIN, Richard: *The Bell Curve: Intelligence and Class Structure in American life*, Free Press, 1994.
MURRAY, Charles: *Losing ground*, Free Press, 1994.
*Newsweek*: «Mediatransparency, The Linde and Harry Bradley Foundation» (24-10-1994).
PARRY, Robert: *Consortium News* (13-1-2002).
RIDGEWAY, James: *The Village Voice* (19/25-6-2002).

SHERMAN, Scott: «David Horowitz's Long March», *The Nation* (3-7-2000).

SHUMAN, Michael H.: *The Nation* (12-1-1998).

STEFANCIC, Jean y DELGADO, Richard: *No Mercy: How Conservative Think-Tanks and Foundations Changed America's Social Agenda*, Temple University Press, 1996.

*The American Spectator*: «Troopergate», 1993.

*The New Republic* (31-10-1994).

*The New York Times Book Review* (16-10-1994).

*The New York Times Magazine* (23-11-1997).

*The New York Times Magazine* (9-10-1994).

*The Wall Street Journal* (15-1-2001).

*Washington Post* (17-1-1999).

*Washington Post*: «Arkansas Project Led to Turmoil and Rifts».

CAPÍTULO 4

BERKOWITZ, Bill: <www.workingforchange.com> (7-2-2003).

BINION, Carla: *Online Journal* (22-2-2001).

BOETTCHER, Robert: *Gift of Deceit*, Holt, Rinehart and Winston, 1980.

CARLSON, Margaret: *Time Magazine* (22-12-2002).

CLARKSON, Frederick: *Eternal Hostility: the Struggle Between Theocracy and Democracy*, Common Courage Press, 1997.

CONASON, Joe y LYONS, Gene: *The Hunting of the President*, Thomas Dunne Books, 2000.

CONASON, Joe: *The New York Observer* (12-2-2001).

LATTIN, Don: *San Francisco Chronicle* (22-2-2001).

*New Hope News* (25-11-1994).

PARRY, Robert: *Consortium News* (11-10-2000).

POLLOCK, Andrew: *The New York Times* (4-9-1995).

Reuters: «Bush Praises Moon as "Man of Vision"» (25-11-1996).

*US News and the World Report* (27-3-1989).
Wiener, John: «Hard to Muzzle», *The Nation* (2-10-2000).


Capítulo 5

Assembly of God: «Empowering Church Workers», <www.
ag.org>, 2003.
Barone, Michael: *US News and the World Report* (1-10-2001).
*Business Week*: «The odd-couple coalition complicating
Bush's mideast policy» (1-7-2002).
Byrne Edsall, Thomas: *Washington Post* (14-4-1998).
Conason, Joe: *The New York Observer* (28-3-2003).
Cook, William: *Counterpunch* (22-2-2002).
Crock, Stan: «Bush, the Bible and Irak», *Business Week*.
Engel, Matthew: *The Guardian* (28-10-2002).
Fournier, Ron: Associated Press (4-4-2002).
Freeman, Jo: *Counterpunch* (24-10-2002).
Gorenberg, Gershom: «Look Who's in Bed With the Chris-
tian Right», *International Herald Tribune* (14-10-2002).
Green, Joshua: *Washington Monthly* (abril de 2002).
Halsell, Grace: *Washington Report on Middle East Affairs*
(diciembre de 1998).
Halter, Marek y Laurent, Eric: *Les Fous de la paix*, Plont/
Laffont, 1994.
Hallow, Ralph Z.: *Washington Times* (21-6-2002).
«Independent Israel?», *The Wall Street Journal* (11-7-1996).
*Internet Jerusalem Post*: «Christians for Israel» (15-11-2001).
Ivins, Molly y Dubose, Lou: «Shrub, the short but epic poli-
tical life of George W. Bush», Vintage Books, 2000.
Krugman, Paul: *The New York Times* (2-4-2002).
Lobe, Jim: *Asia Times* (24-4-2002).
Love, Aaron Michael: *Counterpunch* (15-10-2002).
Moyers, Bill: *The Nation* (19-11-2001).
Pettifer, Ann: *Counterpunch* (8-11-2002).

POWELL, Michael: *Washington Post* (17-1-1999).

SHELEG, Yaír: *Haaretz* (16-10-2002).

SILVERSTEIN, Ken y SCHERER, Michael: *Mother Jones* (septiembre-octubre de 2002).

*The Christian Times* (20-6-2002).

*The Wall Street Journal*: «Two imperatives for the new Israel: balance of Power» (10-7-1996).

Tompaine.com: «Questionable Heritage: Thirty Years of a Right-Wing Think Tank» (13-2-2003).

TURLEY, Jonathan: *Los Angeles Times* (14-8-2002).

WAGNER, Donald: «Evangelicals and Israel: Theological Roots of a Political Alliance», *The Christian Century* (4-11-1998).

*Washington Post*: «Delay criticized for "Only Christianity" Remarks».

ZACHARIA, Janine: *The Jerusalem Post* (16-10-2001).

## CAPÍTULO 6

BERGER, Mathew: «Elliott Abrams Is Bush New Mideast Man», Jewish Telegraphic Agency.

BESSER, James: «Reform Loubavitch», *Baltimore Jewish Times* (26-10-2001).

BORGER, Julian: «Democrat Hawk Whose Ghost Guides Bush», *Guardian* (6-12-2002).

Dr. James Zogby: «Revolving Door Poses Danger to Defense», *Baltimore Sun*, 2001.

Dr. Laila al-Marayati: «The biases of Elliott Abrams», *Counterpunch* (16-12-2002).

KAMEN, Al: «No Showdown in Abrams Appointment», *The Washington Post* (28-5-2001).

LOBE, Jim: «The return of Elliott Abrams» (11-12-2002), <www.tompaine.com>.

MARTIN, Al: «The Bush Cabal Liability Control Group is Back», *Ether Zone* (6-7-2001).

MILBANK, Dana: «Who's Pulling The Foreign Policy Strings?», *The Washington Post* (14-5-2002).

MILHEM, Hisham: «The Worst Man in the Worst Place: Elliott Abrams put in Charge of the Middle East in the US National Security Council», *Al-Safir* (Beirut) (4-12-2002).

*Mother Jones*: «An Iran-Contras Revival» (11-12-2002).

*The Nation*: «Elliott Abrams: it's back!» (2-7-2001).

«Washington Hawks Get Power Boost», Julian Borger, *The Guardian* (17-12-2001).

WEISMAN, Steven R.: «Abrams Back in Capital Fray at Center of Mideast Battle», *The New York Times* (7-12-2002).

WHITAKER, Brian y HARDING, Luke: «Us Drawns Up Secret Plans to Impose Regime on Irak», *The Guardian* (1-4-2003).

«Who's Who in the Bush Administration», <www.freelebanon.org>.

CAPÍTULO 7

AVNERY, Uri: «War Now!», *Palestine Chronicle* (7-9-2002).

BURKEMAN, Oliver y DE LUCE, Dan: «Rumsfeld Raises stakes with Warning to Syria over Military Sales to Irak», *The Guardian* (29-3-2003).

CONOVER, Bev: «The Cheney Plan for Irak: Chop It Up and Give Away the Pieces», *Online Journal* (3-10-2002).

*Christian Science Monitor*: «Israel Sees Opportunity on Possible US Strikes on Irak» (30-8-2002).

CHRISTISON, Bill: «Why Bush Wants to Destroy Saddam: Two Fake Reasons; Tree Real Ones», *Counterpunch* (18-11-2002).

ELDAR, Akivá: «Perle of Wisdom for the Feithful», *Haaretz* (30-9-2002).

FILKINS, Dexter: *New York Times* (29-12-2002).

HARTCHER, Peter: «Come the Revolution», *Financial Review* (11-3-2003).

Intervención de Bernard Lewis en la conferencia «The Day After: Planning for a Post-Saddam Irak», American Enterprise Institute (3-10- 2002).

Intervención de Paul Wolfowitz sobre Bernard Lewis, retransmitidas por videoconferencia en una ceremonia en honor del orientalista, en Tel-Aviv, en marzo de 2002. <www.newamericancentury.org>

JOHNSON, Chalmers: «Irak Wars», Znet (14-1-2003).

«Kuwaiti Paper Criticizes Syria: Assad's Regime More Criminal than Saddam's Regime», <http://memri.org/bin/articles.cgi?Page=archives&Area=sd&ID=SP49503>

LEMANN, Nicholas: «The Next World Order», *The New Yorker* (1-4-2002).

LOBE, Jim : «The War Party Gets Organized», *Alter Net* (14-11-2002).

MACKAY, Neil: «Bush Planned Irak "Regime Change" Before Becoming President», *Sunday Herald* (15-9-2002).

NIMMO, Kurt: «The Commitee for the Liberation of Irak: PR Spinning the Bush Doctrine», *Counterpunch* (19-11-2002).

Project for a New American Century: «Statement of Principles» (3-6-1997), <www.newamericancentury.org>.

STEINBERG, Jeffrey: «Did Wolfowitz Blow CIA Secret To Set Up the President?», *Executive Intelligence Review* (22-11-2002).

STEINBERG, Michele: «Rumsfeld "Feith and Bum" Corps: What is Defense Policy board?», *Executive Intelligence Review* (30-8-2002).

CAPÍTULO 8

«Attorney General John Ashcroft to Address Upcoming Stand for Israel Washington Conference», comunicado de prensa de Stand for Israel (10-3-2003).

BARNES, Lucille: «Russian Money Churning has a Familiar Connection», *Washington Report* (octubre/noviembre de 1999).

BENN, Aluf: «Us Will Focus on Settlements After War, Wolfowitz Says», *Haaretz* (enero de 2003).

GERSHMAN, John: «Dreams of Empire», *Counterpunch* (29-3-2003).

KEINON, Herb: «The Wind Behind Sharon's Speech», *Jerusalem Post* (6-12-2002).

LEITER, Yehiel: «A Peace to Resist».

LEITER, Yehiel: «Hothouse for Hotheads», *Jerusalem Post* (1-5-1994).

STEINBERG, Jeffrey, CHAITKIN, Anton y THOMPSON, Scott: «Exposed: Dirty Money Schemes to Steal Election for Sharon», *Executive Intelligence Review* (13-12-2002).

CAPÍTULO 9

BUMILLER, Elisabeth y SHEITT, Eric: «4 Men Play Big Behind Scenes Foreign Policy Role in D.C.», *New York Times News Service* (12-9-2002).

HARTUNG, William D. y REINGOLD, Jonathan: «The Role of the Arms Lobby in the Bush Administration's Radical Reversal of Two Decades of U.S. Nuclear Policy», World Policy Institute (mayo de 2002).

HERSH, Seymour: *New Yorker* (marzo de 2003).

IVINS, Molly: «A Cabinet that Looks like Corporate America», *Boulder Daily Camera* (9-2-2001).

KOOPERSMITH, Jeff: «Richard Perle: Dead Man Walking», <www.americanpolitics.com> (27-3-2003).

LABATON, Stephen: «Pentagon adviser is Stepping Down», *The New York Times* (28-3-2003).

LYNCH, Colum: «Halliburton's Irak Deals Greater than Cheney has Said», *The Washington Post* (23-6-2001).

VERLOY, André y POLITI, Daniel: «Advisors of Influence:

Nine Members of the Defense Policy Board Have Ties to Defense Contractors», The Center for Public Integrity (26-3-2003).

ZOGBY, James: «New Questions about Feith», Arab American Institute (13-5-2001).


CAPÍTULO 10

ANTOSH, Nelson: «Halliburton Will Allow Look at Iran Operations», *Houston Chronicle* (21-3-2003).

BBC News: «Cheney Accused of Corporate Fraud» (10-7-2002).

*Bloomberg News*: «Contracts for Oil Fires Set» (25-3-2003).

BRUNO, Kenny y VALETTE, Jim: «Cheney & Halliburton: Go Where the Oil Is», *Multinational Monitor Magazine* (mayo de 2001).

BRUNO, Kenny: «Halliburton Destructive Engagement», *Corp Watch* (11-10-2000).

BUSSEY, Jane: «Judicial Watch Sues Cheney, Halliburton», *Miami Herald* (10-7-2002).

CHATTERJEE, Pratap: «Halliburton Makes a Killing on Irak», *Corp Watch* (23-5-2003).

CHATTERJEE, Pratap: «Soldiers of Fortune», *The San Francisco Bay Guardian*, 1 de mayo de 2002.

CHATTERJEE, Pratap: «The War on Terrorism's Gravy Train», *Corp Watch* (2-5-2002).

ENGLISH, Simon: «Halliburton Faces Row on Iran Link», *Daily Telegraph* (25-3-2003).

GERTH, Jeff y VAN NATTA, Don: «In Tough Times, a Company Finds Profits in Terror War», *The New York Times* (12-7-2002).

GWINNE, S. C.: «Did Dick Cheney Sink Halliburton (and Will it Sink Him?)», *Texas Monthly* (octubre de 2002).

LEOPOLD, Jason: «Cheney's Lies About Halliburton & Irak», *Counterpunch* (19-3-2003).

MACKAY, Neil: «17 British Firms Armed Saddam with his Weapons», *Sunday Herald* (23-2-2003).

MCLAUGHLIN, Abraham: «A Vice President Elected With "Big Time" Clout», *The Christian Science Monitor* (20-12-2000).

MICAH MARSHALL, Joshua: «Vice Grip», *The Washington Monthly* (enero/febrero de 2003).

MILBANK, Dana: «For Cheney, Tarnish from Halliburton», *The Washington Post* (16-7-2002).

MILBANK, Dana: «In appointments, Administration Leaves no Family Behind», *The Washington Post* (12-3-2002).

*Petroleum Finance Week* (abril de 1996).

POPE, Charles: «Contracts Doled Out to Rebuild Irak are Questionned», *Seattle Post-Intelligencer* (28-3-2003).

ROYCE, Knut y HELLER, Nathaniel: «Cheney Led Halliburton to Feast at Federal Trough», Center for Public Integrity (2-8-2000).

SILVERSTEIN, Ken: «So You Want to Trade With a Dictator», *Mother Jones* (28-4-1998).

THOMAS, Evan: «The 12 Years Itch», *Newsweek* (31-3-2003).

«Vice-President Cheney Sued Personally for Alleged Stock Fraud», *Judicial Watch* (conferencia de prensa en el Sheraton Hotel Parlor, Miami, FL), 10 de julio de 2002.

www.defenselink.mil. Detalles de los contratos firmados entre KBR y US Air Force/Navy/Army.

Capítulo 11

BOROSAGE, Robert: «White Must Go», *The Nation* (11-3-2002).

GREEN, Joshua: «The "Gate Less Community"», *The Washington Monthly* (julio-agosto de 2002).

MAILER, Norman: *¿Por qué estamos en guerra?*, Anagrama, Barcelona, 2003.

McQUILLAN, Laurence: «Ex-Enron Official Speeds Army's Energy Deals White Push to Privatize isn't a Conflict, Pentagon Says», *USA Today*.

NAKASHIMA, Ellen: «White Used Military Jet for Colorado Visit», *The Washington Post* (23-3-2002).

Reuters: «Rep Waxman Wants to Quiz Army Boss About Enron» (1-2-2002).

THEIMER, Sharon: «Senators Press Army Chief on Enron», Associated Press (6-3-2002).